KB003416

아빠 반성문

아빠 반성문

초판 1쇄 발행 2023년 6월 26일

지은이 조영진
펴낸이 신현만
펴낸곳 (주)커리어케어 출판본부 SAYKOREA
출판본부장 이강필
편집 박진희, 손성원
마케팅 허성권
본문 디자인 호우인

등록 2014년 1월 22일 (제2008-000060호)
주소 03385 서울시 강남구 테헤란로 87길 35 금강타워3, 5-8F
전화 02-2286-3813
팩스 02-6008-3980
홈페이지 www.saykorea.co.kr
인스타그램 instagram.com/saykoreabooks
트위터 twitter.com/saykoreabooks
블로그 blog.naver.com/saykoreabooks

ISBN 979-11-977345-8-8 03180

※잘못된 책은 서점에서 바꾸어 드립니다.
※책값은 뒤표지에 있습니다.
SAY KOREA는 (주)커리어케어의 출판브랜드입니다.

아빠 반성문

조영진 지음

SAY
KOREA

추천의 글

세상에서 제일 완벽한 아빠는 필요 없다

많은 한국인들에게 '아빠'는 참 애매한 느낌의 양가적 단어입니다. 가까운 듯싶지만 저 멀리 있고, 왠지 애처롭다가도 불현듯 두려움을 주는 기분이랄까요? 대부분의 한국인이 '엄마'라는 단어에 떠올리는 애틋한 느낌과는 사뭇 대조적입니다. 하지만 대한민국 아빠는 그런 기묘한 현실을 별생각 없이 받아들입니다. 엄마에 비해 아이와 시간을 많이 보내지 못하는 아빠의 타고난 숙명처럼 받아들이는 모양새입니다.

태어나서 한 번도 아빠라는 단어를 불러보지 못한 저자 조영진 교수는 자신에게 서슴없이 "아빠, 아빠" 불러대는 아이가 처음에는 무척이나 어색하고 불편했다고 털어놓습니다. 비단 저자만의 이야기는 아닐 겁니다. 자기 아빠와의 내밀한 경험이 미미한 채로 어느 날 갑자기 아빠가 되고, 세상에서 제일 완벽한 아빠가 되려고 다짐했다가 이내 아내 뒤로 물러서는 이들이 얼마나 많을까요. '그냥 그 자리에 그렇게 함께 있기만 하면 되었을 자녀의 어린 시절 내내 아빠들은 자신을 면허증 없이 비행기를 운전하려 했던 무면허 조종사처럼 느끼게 된다'고 저자는 말합니다. 모든 아빠들의 비밀스러운 내면을 그대로 전한 것 같습니다.

하지만 다행스럽게도 조영진 교수의 『아빠 반성문』이 마침내 우리 손에 주어졌습니다. 나는 이 책을 읽다가 군데군데에서 눈물과 콧물을 동시에 흘렸습니다. 조영진 교수는 막막하고 두렵기만 한 '완벽한 아빠' 역할에 버거워하는, 그러나 그런 마음을 꺼내놓고 말하기 힘들었던 대한민국 모든 아빠들의 마음을 어루만져줍니다. 그리고 주눅 들어 있는 아빠들이 자신을 용기 있게 돌아볼 수 있는 기회와 아빠로서 긴 여정을 헤쳐 나갈 수 있는 기본기를 차분하게 알려줍니다. 이 땅의 모든 아빠들에게 강력하게 추천합니다.

권수영(연세대학교 교수, 『아이 마음이 이런 줄 알았더라면』 저자)

추천의 글

당신은 이미 괜찮은 아빠입니다

어린 시절 아빠와 시소를 탄 기억이 있습니다. 당연히 아빠에게 기울어진 시소가 문득 샘이 났습니다. 어느 순간 균형을 이룬 시소는 급기야 내게 기울어졌습니다. 기쁨의 환호를 올렸습니다. 제가 이겼다고 생각한 걸까요?

나중에 아빠가 되어 아들과 시소를 탔습니다. 아이에게 기울어진 시소를 만드는 것이 제법 어려움을 알았습니다.

시소는 see와 saw의 합성어라고 말하는 사람들이 있습니다. 내가 보는 것과 내가 봤던 것이 균형을 이루는 것입니다. 아들이던 시절 내가 본 아빠의 모습이 기억 속에 남아 있습니다.

그 기억이 내가 아빠인 지금 내 모습과 균형을 이루긴 쉽지 않습니다. 나의 아빠는 엄마 없는 아들을 키우는 홀아버지였기 때문입니다. 아무리 그 아빠를 따라 하려고 해도 나는 절반도 따라 할 수 없습니다.

세상은 어머니가 가르쳐주는 감정의 단어들만 중요하게 생각합니다. 이 책에는 아버지가 가르쳐주는 감정과 아버지를 통해 배우는 단어들이 있습니다. 나는 나도 모르는 사이에 이 단어들을 아버지에게 배웠지만, 나는 알면서도 이 단어들을 아들에게 가르쳐주지 못했습니다.

이 책은 단순한 아빠 반성문이 아닙니다. 한 번도 본 적 없는 이 아빠의 간절한 바람이 내 마음처럼 느껴졌습니다. 이미 청년이 된 아들에게 이제라도 진짜 아빠, 아니 괜찮은 아빠가 되어보렵니다.

이 책을 읽고 공감했다면, 당신은 이미 괜찮은 아빠입니다.

김재원(KBS 아나운서, 〈아침마당〉 진행)

추천의 글

'그냥 아빠'로서의 첫걸음

참 좋은 책을 읽었습니다. '아빠 반성문'이라는 제목을 처음 보았을 때는 '아빠들이 뭘 잘못했을까?' 내심 궁금해하며 책장을 펼쳤습니다. 책을 모두 읽고 나서는 아빠의 소중함이 마음에 여운으로 남습니다. 실수가 없는 완벽한 아빠이지 않아도 된다는 말이 참 위로가 되었습니다. '그냥 아빠가 되는 것…. 그것으로 충분하고, 부족하지 않다… 그것만으로도 참 소중하다'는 것을 다시금 느끼게 됩니다.

저 또한 완벽하고 좋은 아빠이고 싶지만, 그렇지 못해 마음이 무거울 때가 많았습니다. 아빠가 아이의 성장에 미치는 영향을 생각하면 아이의 행동 하나하나가 신경이 쓰입니다. 좋은 아빠가 되려고 노력하는 것은 참 쉽지 않다고 느껴지기도 했습니다. 하지만 이 책을 통해 좋은 아빠가 되려는 책임감과 부담감 속에 갇혀 있기보다 그냥 아이와 함께하는 것 자체가 참 소중한 것임을 깨닫게 됩니다. 힘들면 힘든 대로, 부족하면 부족한 대로 '그냥 아빠'로 그 자리에 있으면 그것으로 충분하다고 여겨집니다.

조영진 교수는 '좋은 아빠'가 아니라 '그냥 아빠'라는 단어를 선택했습니다. 이 책에서 말하는 '그냥 아빠'라는 표현은 결코 가벼운 것이 아닙니다. 아빠가 해야 하는 역할을 피하고 포기하기 위한 것이 아니라, 오히려 아이를 잘 대하기 위해 가장 핵심적인 것이 무엇인지를 말해줍니다. 아이와 함께하는 아빠가 행복해지기 위해 내딛는 변화의 첫걸음이 '그냥 아빠'입니다. 이 책은 단지 책임감과 부담감 속에서 부단히 노력하는 아빠가 아니라 아이와 함께 더 소중한 관계를 만들어가려는 아빠의 모습을 그리게 해줍니다. '그냥 아빠'에 도전하는 아빠들의 마음을 헤아려줄 뿐만 아니라 여러 사례들을 토대로 진정한 아빠 됨이 무엇인지 알려줍니다.

아이들이 건강하게 자리기 위해 엄마 역할mothering과 아빠 역할fathering이 중요하다고 말합니다. 건강하고 행복한 가정은 엄마와 아빠의 역할이 적절하게 조화와 균형을 이루고 있습니다. 이 책은 특별히 아빠 역할에 대한 깊은 깨달음을 줍니다. 아빠로서 어떻게 해야 할지를 가르치기보다는 보여주고 느끼게 해줍니다. 소외되거나 위축되기 쉬운 아빠들의 마음을 어루만져줍니다. 완벽한 아빠보다 마음이 따뜻하고 든든한 아빠가 얼마나 중요한지 우리에게 일깨워주고 있습니다.

아이를 둔 아빠들이 이 책을 꼭 읽으면 좋겠습니다. 또한 이 책은 아빠뿐 아니라 행복한 가정을 이루고자 하는 모든 이들이 읽어야 할 책이라고 생각합니다. 이 책을 통해 한국의 가정들이 새롭게 세워지며, 아이를 키우는 것이 부담과 짐이 아니라 행복의 시작임을 알게 되면 좋겠습니다.

문은수(부산대학교병원 정신건강의학과 교수)

추천의 글

우리 내면의 '좋은 아빠' 발견하기

『아빠 반성문』은 아버지의 역할과 책임에 대한 진솔한 고백을 통해 자아 성찰의 시간을 갖게 해주는 귀중한 책입니다. 자신의 부족함을 인정하는 것으로부터 성장은 시작되기 때문입니다. 저자는 아버지로서 겪은 어려움과 과오를 솔직하게 털어놓으며, 상담가로서 자신의 경험을 통해 얻은 깊은 울림의 이야기를 독자에게 전합니다. 그는 자신의 부족한 면과 부모로서 겪는 고난을 진지하게 바라보고, 어떻게 하면 좋은 아빠가 될 수 있는지를 공감할 수 있는 이야기로 풀어냈습니다.

『아빠 반성문』은 다양한 관점에서 아버지 역할에 대한 여러 고민을 다루고 있습니다. 이 고민은 자연스럽게 독자가 아버지로서의 자신을 살피며, 또 어떤 역할을 해야 할 것인지를 되돌아보게 만듭니다. 이 과정에서 자신의 강점과 약점을 인식하고, 더 나은 아버지로 성장하기 위한 방향을 찾게끔 도와줍니다.

이 책은 많은 아빠들에게 큰 위로와 공감을 줄 것입니다. 또한 아직 아빠가 되지 않은 독자들에게는 아버지가 된다는 것의 의미가 담고 있는 현실 인식을 가져다줄 것입니다. 모든 아빠는 아이의 생명을 받들어 키우는 존재입니다. 이 책은 그 진리를 일깨워줌으로써 우리가 더 나은 아빠로 변화할 수 있는 기회를 얻게 합니다.

『아빠 반성문』은 아빠들의 내면에 잠재된 아버지로서의 자부심과 사랑을 다시 한번 일깨워줍니다. 이 책을 통해 우리는 아버지로서의 역할을 더욱 깊이 생각하고, 더 나은 아빠로 성장할 수 있는 길을 찾을 것입니다. 아버지로서의 미래를 위한 반성과 성장의 시간을 함께하고 싶은 분들에게 적극 추천합니다.

이남식(인천재능대학교 총장, 두란노아버지학교 이사)

차례

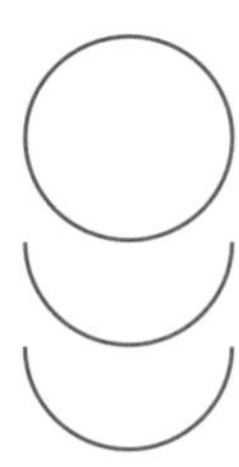

Part 2. 그랬어야 했는데, 혹은 그러지 말았어야 했는데

: 처음이라 서툰 아빠의 솔직한 반성문

Part 3. 좋은 아빠 말고 그냥 아빠면 충분합니다

: 이해와 사랑으로 완성하는 아빠 마음 테라피

일러두기

이 책에 등장하는 사례는 저자가 실제 경험을 바탕으로 재구성한 것이며, 모든 이름은 가명입니다.

프롤로그

〈국제시장〉이라는 영화가 있다. 기억하는 독자도 많으리라. 다들 울었던 그 장면에서 나도 펑펑 울었다. 잠시 그 장면을 떠올리자면 이렇다.

가족들이 다 모여 왁자지껄 행복을 나누는 시간이다. 하얗게 머리가 센 할아버지가 된 주인공 덕수는 전쟁 통에 헤어진 자신의 아버지를 그리워하며 창밖의 먼바다를 바라본다. 이제는 헤어질 당시의 아버지보다 훨씬 더 늙은 할아버지가 되었다. 그는 보이지 않는 아버지를 향해 말하듯, 이렇게 중얼거린다.

"아부지, 나 약속 잘 지켰지예. 이만하면 내 잘 살았지예."

덕수의 이 말 한마디가 그렇게 슬펐다. 덕수는 홀어머니의 아들로, 아내 영자의 남편이자 가장으로, 하나뿐인 여동생의 든든한 오빠로, 그 모든 삶의 짐을 짊어지고 치열하게 살았다.

그리고 영화의 마지막 장면에서, 아버지와 헤어졌던 그 시절 어린 덕수 옆에 평생을 그리워했던 아버지가 문득 서 있다. 아버지는 덕수를 꼭 안아주며 이렇게 말한다.

"울지 말라우, 덕수야. 그래… 내, 다 안다. 니한테 영 고맙다. 니가 잘 해줘서…."

할아버지 덕수는 해묵은 아버지의 두루마기에 얼굴을 파묻고 엉엉 운다. 그리고 영화는 울고 있는 아버지와 벽 하나 사이를 둔 거실에서 손뼉을 치며 웃고 떠드는, 떠들썩한 다른 가족들을 보여준다. 그가 얼마나 가족과의 관계가 어긋난 아버지였는지를 암시하는 장면이다.

덕수는 아버지가 없어 아버지의 짐을 짊어지고 살았다. '억수로 힘들었던' 덕수의 삶은 그 자체로 가정에서 아버지의 역할이 얼마나 소중한지를 보여준다. 그런데 그 역할은 동시에 그가 가장 사랑하고 소중히 여겼던 가족들에게 상처와 아픔을 주는 원인이기도 했다.

가족이란 사랑을 표현하고 사랑을 받는 관계다. 언뜻 당연해 보이는 이 말은, 사실은 전혀 당연하지 않다.

덕수는 투철한 책임감과 의무감으로 자신의 삶을 살면서 가족들도 자신의 삶의 틀 안에 가두었다. 덕수가 만든 삶의 틀은 '가장으로서의 아버지'였다. 아버지는 기둥이어야 하고, 그 기둥은 언제나 그 자리에 늘 든든히 있어야 하는, 결코 무너져서는 안 되는 존재였다. 그 삶에는 어떠한 작은 균열도 용납할 수 없다. 덕수는 점점 더 소통이 안 되는 고집불통 할아버지가 되어갔다. 덕수에게 자녀들과의 관계가 편치 않은 것도, 평생을 함께한 아내 영자와의 관계가 이리저리 어긋나 있는 것도 사실은 그 '틀' 때문이 아니었을까. 덕수가 만들어놓은 '아버지'라는 존재의 틀에서 벗어나려는 그들의 시도를, 덕수는 도무지 받아들일 수 없었기 때문이다.

'가족을 위해 평생을 살아온 우리 시대 아버지들을 위한 영화'라는 카피를 단 이 영화는 윤제균 감독의 설명처럼 "가난하고 힘들었던 그 시절, 당신이 아니라 가족을 위해 평생을 살아온 아버지와 어머니 세대에 고마운 마음을" 전한다. 그러나 영화는 다른 한편으로 덕수와 가족들의 '불편한' 관계를 노골적으로 보여줌으로써 얼마나 많은 그 시대의 자녀들이 그 소중한 고마움 속에서 아프고 힘들었는지를 생각해보게 한다. 덕수의 자녀들은 그렇게 치열히 살며 자신을 키워준 아버지 덕수에게 감사하지만, 친밀하거나 살갑게 서로를 안아주는 따뜻한 관계를 형성하지는 않는다.

안타깝게도 '친밀하거나 따뜻한 살가움을 보여주지 않는' 그 아버지와 아이들과의 관계는 지금 시대에도 참 많이 존재한다. 내가 상담의 현장에서 만났던 청소년이나 청년들, 그리고 가정을 이루고 직장을 다니며 열심히 삶을 살아가는 사람들은 아버지를 물론 사랑하고 존경했지만, '친밀함'과 '따뜻함'을 담아 부르는 것을 거의 들어보지 못했다. 내 수업에 이 주제로 보고서를 제출했던 학생들도 그랬다. 그들에게 아버지는 자신을 키워주고 보호해주고 뒷받침해주신 감사한 분이지만, 자신의 문제나 아픔을 들고 찾아가 위로를 받을 수 있는 존재는 아니었다.

나는 위로를 받거나 찾아갈 수 있는 아버지가 없었다. 내가 두 살 때부터 아버지는 다른 살림을 차리셨고, 그 이후로 나는 한 번도 아버지와 함께 살아보지 못했다. 어머니는 돌아가실 때까지 아들 하나를 혼자서 키우셨다. 두 분 사이에 어떤 일이 있었는지 나는 아직도 알지 못한다. 어쨌든 나는 나라는 존재를 인식할 때부터 '아버지 없이 홀어머니 밑에서 자라는 가난한 집 아이'였다.

나는 아버지라는 존재가 아이의 성장 과정에 필요하고도 의미 있는 존재인지 잘 알지 못했다. 아마도 처음부터 없었기 때문이었을 것이다. 사랑이나 신뢰 같은 것뿐 아니라 혹시 그것이 상처나 아픔이라도 무언가를 서로 받거나 주거나 한 일이 없었다. 그러니 내게 아버지는 없어도 그만인 존재였다.

서울 변두리에 있는 친정 주변에 월셋집을 구하고 봉제 공장에 다니며 나를 키우셨던 어머니는 언제나 든든한 나의 뒷배가 되었고, 나는 그것으로 충분했다. 밤 10시까지 일하시다가 집으로 오시는 어머니를, 나는 당시는 한참이나 시골 같았던 면목동 골목길 가로등 아래에 앉아 기다리곤 했다. 그러나 한 번도 내게 아버지라는 존재가 없다는 회한을 가져보지도 않았고, 아버지가 있는 아이를 부러워해본 적도 없다.

아버지가 없어서가 아니라, 가난했고 약했고 어머니와 단둘뿐이었기에 나는 생존을 위해 눈치가 빨라질 수밖에 없었다. 나는 어느덧 자라 학교에서, 직장에서 매우 잘 적응하고 두루 좋은 관계를 맺는 사람이 되어 있었다. 사람들은 때로 내가 홀어머니 아래 형제 하나 없이 자란 외아들이라는 사실에 깜짝 놀랐다. 그렇기에 더욱 나는 아버지가 내 삶에 딱히 필요하지 않았다.

도대체 아버지라는 존재는 왜 필요한가? 돈을 벌어오고, 뭔가 결정을 내리는 가장으로서? 막연히 그렇게 생각하던 나는 학창 시절 친구네 집에 놀러 갔다가 친구 아버지가 계시면 무척이나 불편해서 될 수 있으면 도망 나왔다. 아버지란 '있으면 거북하고 부담스러운 권위적인 존재'로 느껴졌기 때문이다.

한 번도 경험해보지 못한 아버지는 사실은 내게 그렇게 막연한 상상 속의 인물이 되어 존재하고 있었다. 문제는, 상상 속의 아버지를 통해서는 아버지라는 존재가 어떻게 아이를 사랑하고 훈육하고 자신의 존재를 통해 가족이라는 공동체를 소중히 만들어갈 수 있는지를 배울 수 없었다는 점이다. 그건 지식으로 배울 것이 아니었다. 그건 삶으로, 경험으로, 때론 야단맞아 절망하고, 때론 조그마한 선물 하나에 기뻐 팔짝팔짝 뛰는 시간들을 통해서 배워야 할 것들이었다.

아버지가 딱히 필요 없다고 생각하던 내 관점은 내가 아빠가 되고 나서 완전히 깨져버렸다. 나는 어떻게 아빠가 되어야 하는지 전혀 알지 못했다. 아빠가 될 준비가 하나도 되어 있지 않았던 것이다. 드디어 나는 내 인생에서 아버지라는 존재의 부재를 절절히 느끼게 되었다. 지금껏 내게 아버지는 필요하지 않았으니 딱히 미워할 존재도 아니었지만, 드디어 나는 아버지가 미워졌다. 나는 내게 없었던 아버지에게 진심으로 분노했다.

아빠, 아빠 하며 나를 졸졸 따라다니는 내 소중한 아이를 보며, 나는 내게 '아버지'가 아니라 '아빠'가 필요했던 게 아닐까 하는 생각이 들었다. 아이가 나를 '아빠'라고 부를 때마다 솔직히 말하면 어찌할 바를 몰랐다. 태어나서 한 번도 아빠라는 단어를 불러보지 못한 나와 달리 늘 내게 서슴없이 아빠, 아빠 하고 불러대는 내 아이가 사실 나는 얼마나 어색하고 불편했는지 모른다. 그 단어에 익숙해지면서 내 마음은 더욱 무거워졌다. 아빠로서 나는 무엇을 해야 하는가? 막연한 질문은 두려움으로 이어졌다. 지금 생각하면 그냥 그 자리에 그렇게 함께 있기만 하면 되었다. 그러나 나는 아이의 한마디 한마디에, 아이의 행동 하나하나에 어떻게 반응해야 '아빠다울지'를 몰라 늘 망설였고, 고민했고, 초조해했다. 그 시절에 나는 면허증 없이 비행기를 운전하려 나선 무면허 조종사나 마찬가지였다. 그 무면허 조종사는 그렇게 그냥 함께하면서 행복을 느끼기에도 아깝기만 한 그 수많은 시간들을, 알지도 못하는 사명감에 사로잡혀 아이와 아내의 즐거움과 기쁨까지 한순간에 망쳐버리곤 했다. 밥 먹다 투정하는 아이에게 험악한 표정을 짓고, 장난감을 가지고 노는 아이의 산만함을 지적하고, 함께 놀면서도 규율과 정의를 가르치려 했다. 아이는 아빠가 그어주는 선에 깜짝 놀라고 억울해 펑펑 울기도 하고, 두려워서 엄마 뒤에 숨어버리기도 했다. 그렇게 하지 않았어도 되었던 그 수많은 일들. 지금 생각하면 부끄럽고 미안하기 짝이 없다.

그래서 나는 이 책에서 아버지가 아니라 아빠의 이야기를 해보려고 한다. 그 이름만으로도 묵직하고 든든한 '아버지'라는 거대한 이름을 다루기에 나의 삶은 시작부터 적절하지 않다. 그런데 아빠의 이야기는 좀 다르다. 나는 아직도 나를 아빠라고 부르는 대학생 아들이 있고, 아들의 입에서 아빠라는 말을 들을 때마다 행복하다. 아빠와 아버지, 특히 홀로 아이를 키우는 아빠들은 내 연구의 대상이었고, 그 아빠들의 한없는 아픔에 참 많이도 울었다. 유치원생 아이들을 키우는 아빠들을 만나면 그 아빠들의 아이를 향한 고민이 사랑스럽게만 느껴지고, 사춘기 아이와 싸우며 힘들어하는 아빠들에게는 조금 더 아이를 견디어낼 수 있도록 토닥토닥 위로해주었다. 그래서 나에게 아빠라는 단어는 아버지라는 단어보다는 좀 만만해진 것 같기도 하다.

아버지와 아빠는 가리키는 대상은 동일하지만 그 단어가 주는 어감과 느낌은 아주 다르다. 대부분의 국어사전은 아빠라는 단어를 '어린아이의 말로 아버지를 이르는 말'이라고 정의한다. 때로 '아버지를 정답게 이르는 말', '친근하게 격식을 갖추지 않아도 되는 가정에서 아버지를 부르는 말'이라는 뜻도 보인다.

〈국제시장〉의 덕수 아버지는 언제나 '아버지'였고, 덕수 자신도 '아버지'였다. 그들이 살았던 역사적 상황과 문화가 그랬을 것이다. 그들에게 아버지는 격식을 갖추지 않아도 되는 '친근한' 존재는 아니었다. 덕수는 지독히도 아버지가 되려 했고, 그 이면에는 자신의 마음속에 만들어놓은 아버지의 상이 있었다.

반면, 지금의 사회와 문화는 아빠를 더 이상 '아버지'의 무겁고 근엄한 자리에 놓지 않는다. 그것이 아빠의 존재를 아버지와는 전혀 다른 존재로 본다는 의미는 아니다. 그때나 지금이나 아빠의 역할은 여전히 중요하다. 다만 과거와 달리 지금은 아이 자체에 관한 이해의 범위가 질적·양적으로 확연히 달라졌고, 지금의 아빠는 아이의 생각과 반응에 조금 더 의미 있게 반응하여야 한다. '아버지가 말씀하시는데 어딜 감히~'라 말하던 시대의 감성으로 지금의 아빠 역할을 감당하기란 불가능하다.

나는 이 책에서 그 역할을 감당하고자 열심히 애써왔던, 그런데 그 애씀이 오히려 사랑하는 아이들에게 이런저런 상처와 아픔을 주는 결과를 마주하고 어찌할 바 모르고 있는 아빠들의 이야기를 해보고자 한다. 아이를 통제하고, 가르치고, 어떻게든 자신이 원하는 방식으로 아이의 삶을 강요하는 아빠들. 나는 그런 아빠들의 마음 깊은 곳에 있는 '어떻게 해야 할지 모르겠어'라는 망설임과 '아이가 잘못되면 어쩌지?'라는 두려움을 본다.

그 망설임과 두려움이 아이와 가족에게 때로 왜곡되어 표현되고, 오해는 또 다른 오해를 낳아 회복 불가능할 지경에 이르기도 한다.

그러나 그런 아빠들에게도 말하고 싶은 진심이 있다. 그걸 언제 어떻게 표현해야 할지 모르니 상처가 계속 덧나는 것이다. 내 주변에서, 상담가로서 내담자를 만나면서 서로 외면하며 그렇게 시간을 보내다가 결국 데면데면한 사이로 지내게 되는 경우를, 그리고 가끔은 서로를 향한 분노로만 소중한 시간을 흘려보내는 경우를 많이 보았다. 아이와의 관계가 힘들어지는 상황에 절망하기도 하고, 어설픈 사과로 오히려 더 큰 분노와 상처를 유발하기도 하는 서툰 아빠들을 만나며 나는 그들의 진심 어린 반성의 마음을 느낄 수 있었다.

반성이라는 행위가 진솔하게 자신을 돌아보고 자신의 부족함을 인정하고 받아들이는 것이라고 한다면, 아빠의 진심이 조금이라도 아이와 가족에게 전달될 수 있다면 어떨까? 이 책은 그런 질문에서 시작되었다.

물론 자녀들과 좋은 관계를 유지하는 행복한 아빠들도 많다. 그러나 책임감과 죄책감에 시달리며, 아이들에게 받은 날카로운 상처들로 아파하며 살아가는 아빠들도 적지 않다. 이 책은 아빠로서의 나의 고백이자, 나를 포함한 많은 '아픈 아빠'들을 위한 작은 위로다.

이 책이 '반성문'이라는 이름을 달게 된 것도 그런 맥락이다. 다만, 오늘 이렇게 쓰는 반성문이 '그럴 수밖에 없었음'을 호소하며 그 책임을 회피하고자 하는 것이 아님을 이해해주기 바란다. 더불어 아빠들에게는 그럴 수밖에 없던 내면의 자신을 이해하고 위로해주는 계기가 되기를, 그리고 그런 아빠를 힘들어하고 있는 아이와 엄마, 가족들에게 작게나마 화해의 물꼬를 틀 수 있는 마음의 공간이 되기를 바란다.

조영진

Part 1.
아빠도 슬프고 아프다

문제는 아빠라고?
세상 억울한 아빠들의
속마음 이야기

모든 게 내 책임은 아니다

어느 날 나는 꿈을 꾸었다.

꿈속에서 나는 고속버스를 운전하는 운전사였다. 모든 좌석에 손님이 차 있었다. 버스는 서울에서 출발하여 원주 톨게이트로 향하고 있었다. 아마도 한여름 휴가철이었던 듯, 원주 톨게이트 주변 고속도로는 놀러 가는 차량들로 정체가 극심했다. 어떻게든 톨게이트로 버스를 밀어넣으려 애를 썼지만 결국 실패했다.

나는 망설이고 망설이다가 내 현실의 삶에서는 상상도 할 수 없었던 도전을 감행했다. 고속도로의 중앙선을 넘은 것이다. 손님을 태우고 목적지로 반드시 가야만 한다는 의무와 책임감이 감히 그것을 가능하게 했다.

중앙선을 넘자마자 백미러로 경광등을 깜빡이며 고속도로 순찰대 오토바이가 달려오는 것이 보였다. 순간 나는 버스를 몰고 그대로 도주하고 싶은 마음의 갈등을 느꼈다. 그러나 결국 체념하고 경찰관과 마주하기 위해 차를 세웠다. 멋진 헬멧과 선글라스를 쓴 경찰관이 내게 다가왔다. 그는 내가 얼마나 큰 범죄를 저질렀는지 무서운 눈빛으로 읊었지만 꿈에서 나는 그것이 생각보다 무섭지 않음에 약간 놀랐다.

내 버스에 탄 모든 승객이 그 경찰관에게 이건 기사의 잘못이 아니라고 항의했지만, 경찰관은 요지부동이었다. 승객들의 지원에 힘이 난 나는 길이 막혀 버스가 톨게이트로 들어갈 수 없었고, 어쩔 수 없이 중앙선을 넘었음을 평소처럼 조용조용히 이야기했다. 그러나 내 말을 하나도 받아들이지 않는 그 경찰관에게 나는 결국 폭발하여 이렇게 소리를 질렀다.

"내 책임이 아니라고요!!!!!"

나는 내가 지른 큰 소리에 놀라 꿈에서 깨어났다. 정신을 차리고 나서도 내가 외쳤던 그 마지막 말이 마음을 절절하게 울렸다.

상담학자로서 내담자와 상담을 진행할 때 꿈은 내담자의 마음을 이해하는 데 매우 중요한 매개다. 인간 마음의 핵심을 상담학에서는 '무의식Unconsciousness'이라는 단어로 표현하는데, 이는 프로이트의 정신분석 이론에 기인한다. 정신분석 상담은 그 무의식을 의식으로 가져와 '지금 여기'로 대변되는 현재에서 그것을 안전하고 새롭게 경험하게 하는 과정으로 채워진다. 이를 '무의식의 의식화'라고 한다.

프로이트의 무의식을 검색하면 나오는 유명한 그림이 있다. 바다 위에 떠 있는 빙산은 사실 바다 아래 드러나지 않은 거대한 빙산의 아주 작은 부분이라는 사실에 빗대어 의식과 무의식을 설명한 그림이다. 프로이트는 눈에 보이는 바다 위 작은 부분을 '의식', 바닷속에 잠겨 보이지 않는 커다란 부분을 '무의식'이라고 말했다. 인간을 움직이는 가장 큰 권력자는 합리적으로 판단하고 생각할 수 있는 의식의 영역이 아니라, 무엇인지도 잘 모르고 눈에도 보이지 않는 거대한 무의식의 영역이라는 것이 프로이트 주장의 골자다.

그런데 무의식의 세계에 접근하는 것은 생각보다 무척 어렵다. 그래서 이를 위한 다양한 방법이 연구되었는데, 대표적인 방법 중 하나가 바로 꿈을 분석Interpretation하는 것이다. 이는 흔히 이야기하는 '해몽解夢'과는 명확히 구분되는 개념이다. 프로이트는 꿈을 '무의식에 이르는 왕도'라고 표현하기도 했다. 꿈이야말로 인간이 의지적으로 사고하는 영역을 벗어나 자유롭게 자신의 숨겨진 내면을 표현한다고 믿었기 때문이다.

다시 나의 황당한 꿈 이야기로 돌아가보자.

어느 날 갑자기 평생을 함께 살았던 어머니가 돌아가셨다. 걷기가 힘드실 정도로 쇠약해지신 어머니가 한 달 정도 요양원에 계시다 집으로 돌아오신 지 채 일주일이 되지 않은 날이었다. 어머니는 하나밖에 없는 아들에게 "난 요양원 안 갈 거야!"라고 절규하듯 외치고선 방으로 들어가셨는데, 그대로 돌아가셨다.

그 꿈은 황망한 장례의 시간을 마무리하고 어느덧 일상의 삶을 살아가던 날 중 찾아왔다.

꿈은 거의 직설적으로 '나'라는 존재를 정확히 표현해주었다. 나는 무리하게 끼어들기를 하거나 억지로 차들을 막고서라도 톨게이트로 들어갔어야 했다. 그런데 나는 그러지 못했다. 나는 원하는 것이 있더라도 그것이 다툼의 소재가 된다면 언제나 먼저 포기하는 사람이었다.

그러니 원주행 고속버스를 운전하는 기사가 톨게이트 통과를 포기하는 것은 정확히 현실을 살아가는 내 모습에 대한 상징이었다. 나는 늘 나 자신을 약한 존재로 정의했고, 그런 코스프레에 익숙했다. 나는 언제나 숨고, 피하고, 도망가고, 두려워하고, 양보하는 존재였다. 아들 하나를 키우느라 많은 고생을 하신 어머니의 아들로서 나 역시 어깨에 어머니를 짊어지고 살았다. 그래서 늘 추구했던 삶의 목적은 '안전'이었고, 두려움과 갈등에서는 늘 도망 다녔다. 난 어머니를 책임져야 하는데 힘도 없고 돈도 없고 '빽'도 없고 능력도 없으니까.

고속도로의 중앙선을 넘은 것은 어떤 면에서 평생 짊어지고 살던 짐을 벗어버린 '나'라는 존재가 삶에 던지는 파격의 시도였다. 그 도전을 나의 무의식은 결코 가만 놔두지 않았다. 꿈에서 경찰관은 보통 '초자아Superego'라 불리는 내 안의 도덕성을 의미한다. 나를 책망하고 나의 어리석음을 깨닫게 해줄 대상과 마주하는 것은 또 다른 의미에서 나 스스로가 '나'라는 존재에 던지는 도전장이기도 했다.

순찰대를 피해 도주를 선택했다면, 그것은 모처럼 시작한 삶의 도전이 결국 아무것도 아닌 무의미함이 되어버렸음을 의미한다. 고속도로에서 순찰대를 피해 달아나는 건 결국 실패할 것이고, 하지 말아야 할 짓을 한 어리석은 행동으로 모든 게 결정돼버리고 말았을 것이다. 그것은 함정이었다.

이건 기사님 잘못이 아니에요

꿈은 어머니와 나, 그리고 우리의 삶을 상징적으로 드러내주는 것이기도 했다. 고속버스의 목적지는 원주였다.

원주.

나는 기억하고 있었으나 아무에게도 말하지 않았던 그 이야기를 단숨에 기억해냈다.

어머니는 방학 때면 나를 아버지에게 홀로 보내곤 하셨다. 지금 생각하면 말도 안 되는 이야기인데, 일곱 살의 나는 집에서 버스를 타고 고속버스 터미널로 가서, 다시 고속버스를 타고 원주에 계시던 아버지를 찾아갔다. 아버지는 고속버스회사에 근무하셨기에 터미널에서 아버지 이름을 말하면 다른 직원이 나를 고속버스의 남은 자리에 앉혀 원주로 보내주었다.

어쨌든 그날은 원주의 아버지 집에 한 달 정도 머물다가 집으로 돌아오는 날이었다. 어린 나는 아버지 집에서 배다른 동생들과 먹고 자고 놀면서 시간을 보냈는데, 아버지와 함께 사시는 분께서는 그것이 무척이나 힘드셨던 것 같다. 지금 생각하면 충분히 그럴 만한 일이지만, 당시 일곱 살 어린아이는 그런 것까지 생각할 수 없었다.

아버지는 아침 일찍 출근하시면서 아주머니에게 나를 고속버스 터미널로 데리고 오라고 하셨다. 구름이 잔뜩 꼈던 그날, 나는 짐을 챙긴 가방을 어깨에 메고 아주머니를 따라 길게 난 둑길을 걸었다. 아직도 그날의 풍경이 선명하다. 별생각 없이 졸졸 따라가던 나를 향해 갑자기 아주머니가 홱 뒤를 돌더니 허리를 숙이고 내 눈을 똑바로 쳐다보며 이렇게 말했다.

"너 또 한 번 원주에 오면 다리몽둥이를 부러뜨릴 거야. 알겠니!"

뭔가 다른 말도 하셨겠지만, 나는 아무것도 기억나지 않는다. 단지 저 말을 아주 명확하고 분명하게 기억하고 있을 뿐이다. 나는 놀라고 서러워 펑펑 울었다. 꺽꺽 소리를 내어 울면서도 저만치 앞서가는 아주머니를 놓치지 않기 위해 걸음을 멈추지 않았던 기억이 생생하다. 어떻게 울음을 그쳤는지, 터미널에서 아버지를 어떻게 만났는지, 버스를 어떻게 타고 집에 왔는지 전혀 기억나지 않지만, 그때 그 서럽고 두려웠던 감정은 잊히지 않았다.

아마 어머니에게는 이야기했으리라. 그러나 일곱 살 아이가 자신의 경험과 마음을 전달하는 것에는 한계가 있었고, 어머니는 슬퍼하셨고 분노하셨지만 공감하고 수용하는 법은 모르셨다. 지금은 그 당시 어머니의 반응조차도 기억이 나지 않는다. 그러나 분명한 건, 아이는 그 두려움과 슬픔에 공감받지 못했고, 오랫동안 그 이야기를 기억할 때마다 무섭고 아팠다는 것이다.

내 기억 속의 원주는 그런 곳이었다. 두렵고 억울한 마음, 엉엉 울면서도 아주머니를 졸졸 따라가야만 했던 나의 무기력함과 나약함, 그래서 수치스러운 감정이 떠오르는 곳, 그래서 그 꿈은 원주를 배경으로 하는 것이었다.

언제나 삶의 여정에서 자신을 약자로 정의하셨던 어머니는 늘 수동적이고 방어적인 태도로 싸움과 갈등을 피하며 살아왔다. 어머니의 그런 삶의 태도는 아들인 나에게 그대로 전수되었다. 나 역시 언제나 갈등을 두려워하고 싸움을 피하며 주어진 삶에 나를 적응시켰다.

고속도로는 내게 그런 곳이었다. 시속 100킬로미터를 넘어도 안 되지만 시속 50킬로미터 이하로 달려서도 안 되고, 아무 곳에서나 쉬는 것도 불가능한 곳이 고속도로다. 더군다나 손님을 가득 태운 고속버스라면 더욱 그렇다. 출발지가 있고, 목적지가 있고, 거기까지 도달해야 할 시간이 정해져 있다. 아무리 졸리고 피곤하고 힘들어도 그건 그저 나의 상황일 뿐이다. 고속도로는 주어진 삶에 나를 적응시키던 내 인생의 상징이었다.

사실 버스는 어떻게든 차들 사이로 끼어들어서 원주로 들어가야 했다. 그런데 나는 반드시 이행해야 할 의무를 이행하지 못했다. 내가 반드시 이행해야 할 의무의 핵심은 어머니였다. 그리고 그 책임감과 의무감을 확인하는 장소가 바로 어린 시절 내가 두려움과 아득함을 가슴 깊이 느꼈던 원주였다.

꿈은 내게 어머니에 대한 내 책임을 다하지 못했다는 죄책감과, 이행하지 못한 의무를 이행해야 한다는 사명감을 일깨우는 것이었다. 도덕적 심판자인 초자아로 상징되는 꿈속의 경찰관은 중앙선을 넘은 버스를 세움으로써 어머니를 지켜내야 한다는 책임을 이행하지 못한 나의 죄책감을 지적하고 있는 것이었다. 고속도로는 삶의 터전이고, 승객이 상징하는 것은 어머니였다. 나는 '다리몽둥이'가 부러질 수 있는 곳으로 가고 있었고, 그곳으로 가야만 했다.

내가 소리쳤던 한마디는 내게는 정말 소중하고 의미 있는 것이었다. 나는 어머니가, 원주에서의 아픈 경험이, 그리고 고속도로로 상징되는 삶의 모든 여정의 결과가 '내 책임이 아니'라고 소리치고 있는 것이었다. 모든 책임이 오로지 내게 있다며 모든 것을 스스로에게 뒤집어씌우던 내가, 모든 것을 나의 어깨에 짊어지고 삶을 살아왔던, 그래서 어머니와 나에 대한 죄책감으로만 가득했던 내가, 그 모든 것을 이제는 짊어지지 않을 것임을, 그 모든 책임과 죄책감에 저항할 것임을 선언한 것이었다.

또 하나, 내게는 내 편이 되어준 내 인생의 수많은 승객들, 좋은 운전사로 나를 기억하고 내 마음을 알아주고 위로해준 내 소중한 승객들이 있었다. 그들은 나의 주변인이기도 했고, 어머니 자체이기도 했다. 내 편을 들어주던 승객의 목소리는 어머니가 나를 위로하는 목소리이기도 했다.

"그건 네 탓이 아니란다."

그건 내 삶의 무엇과도 바꿀 수 없는 소중한 자산이었다. 나는 그들로부터 힘을 얻어 드디어 그 모든 삶의 과정이 내 책임이 아님을 소리칠 수 있었다. 그건 정말 통쾌한 역전의 신호탄이었다. 여태 짊어지고 살았던 '어머니'라는 존재를 향한 책임감으로부터 드디어 벗어나기 시작한 것이었다.

삶은 어쩌면 그냥 그 자리에서 자기 자신만을 감내하기도 힘든 여정의 연속이다. 그 삶의 여정에서 아빠라는 자리는 또 다른 만만하지 않은 무게를 어깨에 짊어지게 한다. 아이를 향한 아빠들의 무한한 책임감, 그리고 부족함에서 비롯된 죄책감은 다시 아빠가 아이에게 투철한 사명감을 가지게 한다. 그 사명감은 아이를 닦달하고 통제하고 아프게 만들어 오히려 아이가 아빠에게 불신과 분노와 상처를 갖게 만든다.

물론 행복하게 가정을 이루며 삶을 꾸려가는 아빠도 많이 있다. 그분들은 당연히 상담가인 나를 찾지 않는다. 앞으로도 영원히 나를 찾는 일이 없기를 간절히 바란다. 혹시 그 가정이 한부모가정이라도, 그래서 아빠가 혼자 아이를 키우는 과정을 지나가고 있더라도 그들이 아이와 함께 행복하기를, 나를 찾을 일이 없기를 정말 간절히 바란다.

그런데 상담의 자리에 나오는 아빠들은 그렇지 않기에 상담사를 찾게 된 것이다. 나는 그분들이 나와 같은 꿈을 꿀 수 있으면 좋겠다. 그래서 그렇게 힘들게 삶을 살아가는 우리네 삶을 짓누르는 수많은 짐을 인식하고, 그것이 나를 어디로 이끄는지 볼 줄 아는 눈을 지니기를 바란다. 그래서 그 모든 책임 중 아닌

건 아니라고, 그건 내 책임이 아니라고 소리쳐 '나'와 싸울 수 있으면 좋겠다.

아빠도 슬프고 아프다. 그렇지만 이만큼만 슬프고 이만큼만 아프기를 도전해보면 어떨까. 우리는 우리 삶을 선택하지 못한다. 내가 선택하지 않은 삶의 모든 것이 나를 짓누르게 두어서는 안 된다. 우리 삶에서 벌어지는 모든 것이 다 내 책임은 아니다. 그건 그냥 내게 일어나는 일일 뿐이다.

어린 나와 마주하는 용기

열다섯 살 수연이는 소위 문제아다. 학교에서도 집에서도 늘 이런저런 다툼을 일으키고, 그걸 좀 더 큰 싸움으로 만들어 부모와 주변 많은 사람을 골치 아프게 한다.

"아니, 대체 왜 그러는지 모르겠어요. 이제는 학교나 학원 전화번호가 뜰 때마다 심장이 벌렁벌렁해요. 이유를 물어봐도 말을 안 하니 알 수가 있나요."

수연이는 그렇게 해야 사람들이 자신에게 관심을 가지고 자신의 말을 듣기 시작한다고 생각한다. 둘째 딸인 수연이는 자신에게 집중되던 관심이 남동생이 태어난 후로 모조리 남동생한테 옮겨 가버렸다고 믿었다. 물론 가족들은 부정할 것이다. 그러나 어린아이에게 '아무도 내게 관심이 없고 나를 사랑하지 않아'라는 느낌만큼 두렵고 무서운 것은 없다. 아이는 그 상황에서 생존을 위한 무엇인가를 할 수밖에 없다. 소리를 지르고 악을 쓰며 울어야 자신에게 사람들이 다가온다고 믿게 된 수연이는 점점 더 큰 문제를 일으키고 더 큰 싸움을 만들어 사람들을 자신에게 집중하게 한다.

수연이에게 '문제를 일으키는 말과 행동'은 사실 수연이의'생존 도구'였다.

마흔다섯 살 준호씨의 삶의 도구는 '중심 잡기'였다. 이름만 들으면 꽤 좋아 보이는 도구인데, 사실 준호씨는 이 도구 때문에 늘 사람들 사이에서 불안하고 안정되지 못한 삶을 살아왔다. 때로 준호씨가 잡았던 중심은 '변방'이 되어 준호씨의 기대를 한순간에 날려버렸다. 분명히 과장님도 부장님도 다 받아들여줄 줄 알았는데, 부장님의 표정은 일그러지고 과장님은 준호씨를 노려본다. 뭐가 잘못된 건지, 준호씨는 자신을 저 지옥으로 던져버리고 싶어진다.

"전 모두를 만족시키려 애써왔어요. 그런데 요즘 다 부질없다는 생각이 들어요. 제가 어떻게 해도 누구도 만족하지 않는 기분이 들어 괴로워요."

준호씨의 부모님, 특히 아버지는 기분파였다. 95점을 받아 왔을 때 칭찬을 퍼붓다가도, 어느 때는 똑같은 95점인데 지독하게 야단을 치기도 했다. 왜 5점을 더 못 받았냐는 것이다. 어느 날엔 50점을 받아 왔는데도 사람이 실수할 때도 있다며 그냥 넘어가기도 했다.

일관성 없는 부모의 양육 태도는 아이가 100점을 받아도 여전히 눈치를 보게 한다. 그렇게 어려서부터 상황 파악의 달인이 된 준호씨는 사회에서도 적당히 주변을 살펴 사람들이 원하는 걸 맞춰주는 데 선수가 되어 있었다.

근데 이건 중간 지점에서 양쪽을 다 만족시키려 노력한다는 의미이지, 서로가 상생하는 '윈윈'의 의미가 아니었다. 이 삶의 도구 덕분에 준호씨는 지금껏 별문제 없이 인간관계를 맺고 직장생활을 해왔지만, 어느 날 문득 "내가 진짜 원하는 건 뭐지?"라는 질문이 준호씨를 사로잡았다.

스물일곱 살 여원씨가 가지고 있는 도구는 '의존'이다. 의존이 도구가 될 수 있는 것은 많은 사람이 자신을 기댈 수 있는 존재로 내어주기 때문이다. 조금 많다 싶은 남자친구들이 여원씨에게 의존할 수 있는 어깨를 내어주었다. 그러나 얼마 지나지 않아 도망가버렸다. 내어준 어깨가 부서진 것이다. 여원씨가 의존하는 정도가 자신들이 감당하기에는 너무 컸기 때문이다.

"사랑하는 연인이라면, 제가 기댈 수 있어야 하는 거 아닌가요? 제가 힘들고 아프다는데 제 탓만 하는 연인이라니, 전 이해가 안 가요."

여원씨에게는 늘 의존 대상이 필요했다. 이 사람이 떠나가면 언제나 또 다른 남자친구를 찾았다. 때로 그가 마음에 꼭 들지 않아도 괜찮았다. 여원씨에게는 잠시 쉬어갈 수 있는 어깨가 필요했던 거니까 말이다.

여원씨의 엄마는 아이가 철저히 자신만을 의존하도록 만들었다. 엄마는 하늘과 같은 존재였으며, 아이가 엄마의 명령을 거절하는 건 있을 수 없는 일이었다. 아빠는 엄마와 딸 사이에서 멀찍이 떨어져 가끔 심판 역할을 했다. 아이는 철저히 의존하도록 길러졌고, 그 의존 대상은 자신에게 모든 것을 희생한 엄마와 같은 존재여야 했다. 여원씨는 늘 금방이라도 눈물을 떨굴 것 같은 표정, 뭔가를 꾹 참고 있는 것처럼 앙다문 입매의 소유자였다. 사람들은 그녀의 눈물과 억울함을 해결해주러 다가오곤 했다.

그런데 단순하지만 너무나도 당연한 진리. 남자친구는 결코 엄마가 될 수 없다. 약하디약한 모습으로 다가와 엄마와 같은 전적인 희생을 기대하고 강요하는 여원씨에게 남자친구들은 어느 순간 자신의 힘이 다했음을 깨닫고는 사라져버렸다.

내 마음속의 또 다른 나

나는 어린아이가 홀로 있는 것을 그냥 보기가 힘들다. 특히 대낮에 혼자 골목길을 걷고 있거나, 어둑어둑해지는 해질녘에 동네를 어슬렁거리는 아이를 보면 더욱 그렇다. 가끔은 그 아이의 뒤를 따라가 아이가 집으로 잘 들어가는지를 확인하고 돌아서기도 한다.

부모의 보살핌을 받지 못하는 것으로 보이는 아이들에 대한 연민이겠거니 생각하며 지내기를 십여 년. 유독 그런 아이들이 눈에 밟혔고, 그 아이들을 보는 게 힘들어 때로 그들을 애써 외면하기도 했다.

나는 내담자로서 상담을 받다가 그 아이가 바로 '나'라는 사실을 알게 되었다. 그건 내 어린 시절, 일러도 저녁 8시는 되어야 직장에서 돌아오시는 어머니를 기다리는 내 모습이었다. 나는 억압repression해두었던 어린 시절의 그 지독한 외로움을, 그 아이들을 통해 다시금 보고 느꼈던 것이었다. 내 무의식 속의 외로움은 그런 아이들을 볼 때마다 자신의 존재감을 알리며 꿈틀거렸고, 나는 그것과 마주할 힘이 없었다. 그래서 그런 아이들을 보는 것이 내게 그렇게 힘들었던 것이다.

"저는 심리상담을 신뢰하지 않아요. 무조건 어린 시절의 상처와 아픔을 들먹이며, 결국 자기를 키워준 부모에게 자기 아픔과 상처와 문제에 대한 책임을 전가하는 게 상담 아닌가요?"

내 내담자 가운데 한 분은 눈물이 나려고 할 때마다 상담사인 나에게 버럭 화를 내곤 한다. 왜 어린 시절 이야기를 꺼내 이렇게 억지로 눈물나게 만드냐는 것이다. 그런데 사실 나는 딱히 어린 시절 이야기를 해달라고 하지 않았다. 그저 여러 이야기를 나누는 와중에 내담자 스스로가 그 이야기를 꺼냈을 뿐이다. 내담자가 상담자의 질문에 대답을 하다가 그 눈물의 자리를 스스로 찾아 들어간 것이다. 그건 무엇보다도 '그 자리'가 그의 삶에 중요한 부분이라는 것을 스스로 드러내는 무의식의 여정 가운데 하나였다.

나는 '현재는 과거의 결과물'이라며, 과거의 상처와 아픔을 현재와 연관시킨 프로이트를 편들거나 변호하려는 것이 아니다. 사실 딱히 '프로이디안Freduian'이라고 할 만큼 많이 알고 있지도 않다. 그런데 상담 과정에서 내담자와 이런저런 회복의 여정을 함께할수록, 그리고 그 회복의 여정이 버겁고 고통스러울수록 빼꼼히 자신을 드러내는 내담자의 어린 시절을 마주하게 된다. 그 어린 시절은 때론 한 번도 기억되지 못했던 것이기도 하고, 때론 너무나도 똑똑히 기억하는 경험이기도 하다. 그러나 어린 시절은 사람의 아픔과 상처에 절절히 엮여 있다.

태어난 지 얼마 안 된 영아들에게, 그리고 엄마를 부르며 자신의 존재를 드러내는 서너 살 유아들에게 자신의 삶을 담보할 수 있는 유일한 대상은 바로 부모다. 그 나이 아이들에게 부모는 생존 그 자체라 할 수 있다. 부모가 보여주는 양육 태도가 아이에게 주는 영향력이 그 한계를 가늠할 수 없을 만큼 클 수밖에 없는 까닭이다. 아이는 부모가 자신을 대하는 태도나 행동에 그저 반응할 수밖에 없다. 그리고 그 반응은 그에 대한 부모의 반응에 또 반응하며, 철저히 자신의 생존 도구로서 자리매김하게 된다. 그 도구는 어른으로 성장한다고 해서 쉽게 다른 도구로 바뀌지 않는다.

또 다른 내담자 경수씨의 삶의 도구는 '순종'이었다. 어린 시절 경수씨는 부모가 제시한 가치에 순종하면 보상을 얻는다는 것을 터득했다. 보상을 얻는 데 자신의 욕구 따위는 돌아보지 않아도 되는 것이었다.

'조용히 하면 엄마가 이것 줄게', '숙제 먼저 해야 착한 아이란다', '아빠는 이게 더 좋은 것 같은데'…. 별거 아닌 것 같지만 이런 작은 영역에서 아이에게 요구하는 '순종'과, 이에 대한 물질적·심리적 보상은 아이로 하여금 부모의 요구가 무엇인지에 귀를 쫑긋 세우게 만든다. 그리고 이런 도구는 성장하면서 어디서든 '내가 원하는 것'이 아니라 '다른 사람이 내게 원하는 것'을 찾게 만든다. 그래야 인정받고, 보상도 받을 수 있고, 잘 살 수 있게 되기 때문이다.

그래서 경수씨는 자신이 원하는 무언가를 찾거나 욕심내본 적이 없었다. 다른 사람들이 원하는 것을 찾아 그것을 충족시키며 살아가는 걸 행복으로 간주했다. 그러나 다른 사람들의 행복은 결코 나의 행복이 될 수 없다. 스스로 행복하다고 말하지만, 그런 '도구'를 사용한 해피엔딩은 결코 있을 수 없다.

그 순간은 갑자기 찾아온다. 그것은 한창 사춘기를 겪는 학창시절일 수도 있고, 방황하는 20대 청년 시절일 수도 있으며, 막 결혼했을 때 혹은 중년의 어느 순간일 수도 있고, 심지어 노년의 어느 순간일 수도 있다. '나'라는 존재가 진짜 원하는 무엇인가가 내 마음 깊은 곳에서 고개를 쳐들고 이제까지의 억울함을 드러내는 순간 말이다. 그런 순간이 오면 우리는 그 낯선 '나'의 도전에 당황하고, 새로운 무엇인가를 본능적으로 찾아 나선다.

그 순간은 주변 사람들, 특히 가정이나 직장에서는 부담스럽기만 하다. 말 잘 듣고 착하기만 하던 그의 변신은 그들에게 불편할 뿐이다. 문을 쾅 닫고 들어가며 악을 쓰는 사춘기 고등학생이 그렇고, 수업을 빠지고 저 멀리 안드로메다로 정신을 놓아버린 대학생이 그렇고, 중년과 황혼의 이혼 선언이 바로 그 낯선 '나'의 도전의 결과물이다. 거기에 순종이라는 도구가 또 쓰일 날은 없으리라.

내 삶의 도구는 무엇인가

수연이와 준호씨와 여원씨와 경수씨의 이 모든 도구가 그저 어린 시절의 어떤 것으로 얻게 된 것이라고 결론 내고자 하는 의도는 전혀 없다. 삶의 다른 많은 경험이 이들에게 그런 도구를 쥐여주었을 가능성은 얼마든지 있다. 다만, 내가 배우고 가르쳐온 상담학의 관점에서 이렇다는 이야기다.

임신의 기쁨을 가장 가슴 아픈 상처로 만들어버리는 유산의 이유가 몇만 가지며, 의학이 이렇게 발달한 요즘에도 공공의 적인 암cancer의 원인은 수천 가지다. 그래도 술과 담배 정도는 멀리하는 것이 산모와 아이의 건강에 좋으며, 암을 피하기 위해 이러이러한 음식은 될 수 있으면 먹지 말라고 하는 말은 상식적이다. 현재는 과거의 축적물이라는 주장도 마찬가지 맥락에서 이해해주었으면 한다. 삶에 대한 이런 방식의 접근도 충분히 고려해볼 만함을 이야기하고자 하는 것이다. 나는 그런 관점으로 세상과 사람을 보고, 아픈 사람에게 상담을 통해 도움을 주고자 노력하는 사람일 뿐이다.

부모의 넉넉하고 풍부한 반응은 아이가 자신의 존재를 안정적으로 느끼도록 만들어준다. 그리고 아이는 그 안정을 도구 삼아 다른 사람과의 관계를 건강하게 만들어간다.

그러나 부모의 외면과 방치, 폭력과 위협적인 반응은 아이가 자신의 생존이 위협받는다고 느끼게 하고, 나를 외면하고 방치하고 위협하는 그 대상을 향해 무엇인가 해야 한다고 느끼게 한다. 문제를 크게 만들고, 매사에 줄타기를 하고, 의존하고, 순종하는 삶의 도구들이 바로 그런 반응이다. 그것이 좋고 나쁘고를 말하고자 함이 아니다. 사람은 누구나 그렇게 만들어진 반응을 자신의 삶에서 관계를 형성하는 핵심 도구로 쓰게 된다는 이야기다.

부모가 잘못했다는 것을 명확히 밝혀내어 무엇인가를 하겠다는 것이 상담이라고 생각하면, 상담의 영역을 오해하는 것이다. 상담은 내담자가 지금 자기 삶에서 사용하는 도구를 명확히 하고 그 도구가 어디서부터 그렇게 쓰이게 되었는지를 알아보는 것이다. 사람들은 도구를 사용하지만, 그것을 '무의식적으로' 사용하기에 의식적으로 인식하지 못한다. 무의식적으로 의존하고, 무의식적으로 균형에 집착하고, 무의식적으로 문제를 일으키고, 무의식적으로 수용함으로써 갈등을 피한다. 상담은 그렇게 무의식 깊숙이 억압되어 있는 도구들을 우리의 의식에서 다룰 수 있도록 만드는 것이다.

'내가 아무런 비판 없이 모든 것을 수용하고 있었구나', '내가 자꾸 문제를 일으켜 사람들의 관심을 받으려 했구나', '내가 그토록 열심히 사람들 눈치를 보고 있었구나', '내가 늘 사람들에게 의존적 태도를 보였구나'라는 나 스스로에 대한 인식은 나의 도구를 확인하는 첫걸음이 된다. 그리고 두 번째 걸음은 그 도구가 어디에서 왔는지를 찾는 것이다. 어린아이인 자신을 마주하는 것이 바로 그 단계다. 그것은 무척이나 큰 용기가 필요한 일이며, 전문적인 길잡이가 필요한 일이기도 하다. 우리는 무의식적으로 그 어린아이의 아픔과 두려움과 상처와 마주하는 것을 외면하기 때문이다.

때로 상담을 통해 정말 큰 용기를 내어 어린 시절의 자신과 마주하게 되는 아빠들의 경이로운 시간은 상담사와 내담자 모두에게 무척 의미 있는 경험이 된다. 엄마에게 외면당하고, 아빠에게 무관심으로 유기되었던 내담자의 아픔과 마주하는 것은 그 부모에게 분노하고 책임을 묻고자 함이 아니다. 그들은 그 과정을 통해 부모를 훨씬 깊이 이해하게 되고, 이는 부모와의 새로운 관계를 형성하게 해주기도 한다. 때로 부모에게 분노하기도 하지만, 그 분노는 지금의 부모가 아닌 어린 시절 자신에게 '잘못 반응한' 부모를 향한 것이다. 당시의 부모는 그렇게 해서는 안 되었다. 그러나 그렇게 분노와 마주한 내담자는 그렇게 할 수밖에 없었던 그때의 부모에 대한 이해의 폭을 넓힐 수 있다. 그리고 그 과정은 결국 자신의 현재 모습을 새롭게 통찰하게 하고, 앞으로 살아가야 할 무한대의 삶에 대한 건강한 욕심을 가지게 한다. 그 욕심이, 주변 모든 사람들과의 관계를 변화시키는 출발점이 된다.

내가 마음이 아파 제대로 바라보지 못하는, 밤중에 홀로 골목을 배회하는 아이가 바로 '나'인 것은 자명하다. 때로 그 아이는 바로 내 아이이기도 하다. 그렇기에 아빠들은 때로, 엄마도 할머니도 동생들도 친척도 당연하게 보는 내 아이의 모습을 보지 못한다. 그 아이의 모습 속에서 문득문득 자신의 모습을 보기 때문이다. 그것이 나의 상처와 아픔과 관련된 문제라면 아이를 바라보는 아빠의 태도는 달라질 수밖에 없다. 아빠 본인은 아이를 향해 불쑥불쑥 튀어 올라오는 그 마음이 무엇인지 모른다.

예를 들어 아이가 동생이나 형, 누나와 놀고 있다고 생각해보자. 그런데 아빠는 그 아이들 중 누군가에게는 더 많은 애착이 가고 신경이 쓰인다. 반대로 그 아이들 가운데 누군가에 대해서는 다른 아이들보다 멀리하게 되는 경우도 있다. 그걸 엄마도 알고 아빠도 안다.

그런데 혹시 아는가? 아이들도 역시 그걸 느끼고 있다는 걸. 그런 아빠의 마음과 행동은 때로 마치 아이를 위해, 가족을 위해 꼭 해야 하는 사명인 것처럼 표현되고, 그렇게 아빠는 자신의 마음 깊숙이 존재하는 상처와 아픔을 피해간다.

그러니 어느 순간, 아이는 그냥 놀고 있을 뿐인데 사명으로 반응하고 있다고 느껴진다면, 이제 여러분 내면에 생생히 살아 있는 '어린 나'를 마주할 수 있기를 바란다. 쉽지 않은 여정이지만, 그 여정은 아빠의 역할을 건강히 수행하도록 만드는 가장 중요한 배경이 되어줄 것이다.

나는 이제 혼자 골목을 걸어 다니는 아이들을 마음 아프게 바라보지 않는다. 내 눈에 보이는 그 아이의 모습이 안전하다면, 그건 그냥 안전한 것이다. 그 아이는 더 이상 '내'가 아니다. 다른 부모의 소중한 아이이다. 그저 눈에 보이는 그대로 아이를 보는 것은 내 안 깊숙이 숨어 있는 무의식의 감정으로 보는 것과는 전혀 다르다. 이제 그 아이들의 편안하고 행복한 표정도 눈에 보인다. 나는 이제 나의 무의식적 감정이 만든 '투사Projection된 나'를 더 이상 보지 않을 수 있게 되었다. 나는 내 안에 있을 뿐, 저기 저 아이에게 있을 필요는 없기 때문이다.

가르치는 것이 아니라 함께하는 것

나는 아버지가 없다. 아니, 사실은 아버지가 있지만, 내 아버지는 아니었다. 이상하게 들리겠지만 사실이다.

내가 두 살 때부터 다른 살림을 사셨던 아버지는 내게 없는 것이나 마찬가지였다. 그리고 얼마 안 되는 기억 속의 아버지라는 존재는 가끔 만날 때마다 나에게 뭔가를 가르치는 사람이었다.

어머니는 아버지 때문에 두 살 핏덩이를 안고 시댁에서 나오시게 되었다. 그 이후 죽 아이를 혼자 키우시며 방학 때면 나를 큰아버지 댁이나 아버지에게로 보냈다. 핸드폰이나 전화도 없던 시절이라 미리 연락도 없이 무작정 갔는데, 일터에서 나를 본 아버지도 그냥 그러려니 하고 자기 집으로 나를 데리고 갔다. 나는 그곳에서 방학 동안 한 달여를 지내다 돌아오곤 했다.

봤지? 우리 아빠야!

그런 내게도 든든한 아버지에 대한 기억이 있긴 하다. 초등학교 4학년 때였다. 학교로 아버지가 찾아오셨다. 50권짜리 세계명작동화전집을 들고 와 담임선생님과 이야기를 나누는 아버지가 나는 그렇게 든든하고 자랑스럽고 뿌듯할 수가 없었다. 모든 아이들이 나를 쳐다보며 부러워하는 것 같았다. 아버지의 손을 잡고 교실을 나가던 때의 형언할 수 없는 희열은 무려 40년이 지난 아직도 뚜렷하게 느껴질 정도로 벅찼다.

'봤지? 우리 아버지야!'

그렇게 많은 아이들 가운데 내 손을 잡아 끌어주는 아버지가 있다는 것은 초등학생이었던 나에게 아주 든든한 느낌이 들게 했다. 일회성 이벤트에 가깝던 그 경험은 내 마음에 오래도록 남았다. 정말 의외로, 그 한 번의 경험이 단칸방에서 어머니와 단둘이 살아가는 나를 스스로 절망하거나 포기하지 않게 지켜주던 든든한 심리적 배경이 되었다. 참 신기한 일이다.

그러나 사실 그건 어린아이의 꿈같은 소원이 이루어진 환상에 불과한 것이라 할 수 있다. 내 손을 잡고 교실 밖으로 나를 데리고 나간 것이 아버지가 아니라 교장선생님이었어도, 당시 자가용을 타고 다니시던 부잣집 이모부였어도 아마 나는 그렇게 뿌듯하게 느끼지 않았을까? 아버지란 그렇게 갑자기 찾아와 멋지게 손 한번 잡아주면 되는 존재가 결코 아니다.

아이는 아버지의 삶을 보고 자란다

먼 옛날, 프로이트는 사람들이 경악할 만한 이론을 만들어냈다. 바로 오이디푸스 콤플렉스다. 남자아이의 사회화와 초자아 형성 배경을 설명한 이 이론은 프로이트의 『꿈의 해석 *Die Traumdeutung*(1899)』에서 처음으로 제시되었다. 이 이론에 따르면, 엄마를 독차지하려는 욕망으로 대표되는 남근기 4세~6세 남자아이는 아버지와 숙명의 대결을 펼치게 된다. 이 이론을 둘러싼 수많은 논쟁과 논란과 별개로 이를 연구하는 학자들 모두가 대체로 동의하는 내용이 있다. 바로 오이디푸스 콤플렉스의 '건강한 극복'에 관한 것이다.

아이는 엄마를 두고 경쟁하는 아빠와의 싸움이 결국 무의미하다는 것을 깨닫고 그 싸움을 포기한다. 그리고 아이의 포기는 '아빠와의 동일시'로 변형된다. 가장 강력한 적이었던 대상이, 그 싸움을 포기하는 순간 가장 강력한 숭배의 대상으로 바뀌는 것이다. 이는 아이가 사회에서 생존하고 성장하는 사회화 과정에 무척 중요한 출발점이 된다. 사회에서 건강하게 잘 살아가는 가장 기초적인 배움의 시작이 바로 '아빠와의 동일시'다.

아빠를 통해 아이는 사회가 요구하는 규범을 습득하며, 말하지 않고 아무도 가르쳐주지 않지만 따라야 하는 사회의 관습과 삶의 방식을 배우게 된다. 아이는 아빠처럼 걷고, 아빠처럼 밥을 먹고, 아빠처럼 말하고, 아빠처럼 행동한다.

프로이트의 이론을 공부하지 않아도 일상 속에서 아빠를 따라 하는 아이를 생각해보면 쉽게 고개를 끄덕이게 되는 부분이다. 아이가 자신이 태어난 사회에 잘 적응하고 살아가게 하기 위해 아빠는 아이가 자신을 보고 배울 수 있도록 아이와 '함께해야' 한다. 사실 '가르쳐야' 한다고 우리가 생각하는 많은 것을, 아이는 아빠의 행동과 태도로 드러나는 '아빠의 삶'을 보며 스스로 배운다. 그것은 말로는 가르칠 수 없는 '그 무엇'이다.

그래서 아빠는 무언가를 가르치는 존재가 아니라 언제나 든든하게 '함께해주는' 존재여야 한다. 그 존재 자체가 아이에게 가르침이 되고, 따라야 할 모델이 되고, 힘써 지켜야 할 삶의 가치관이 되고, 인생을 살아가는 과정에 겪는 수없이 많은 어려움을 극복하고 나아갈 수 있는 길이자 빛이 된다. 사람은 가르쳐서 성장하는 것이 아니다. 사람은 삶을 멋지게 보여주는 어떤 존재로 인해 성장하는 것이다. 그 가장 근접한 대상이 바로 아빠다.

나와 같이 아빠 없이 오이디푸스 시절을 지나는 사람들에게 가장 큰 어려움은 바로 그 동일시의 대상이 없다는 점이다. 상담의 과정에서 만난 많은 사람을 통해 나는 그 생각을 확신하게 되었다. 동일시의 가장 중요한 요건은 바로 '함께'다. 내가 성장할 그 당시에도, 인터넷과 다양한 매체가 발달한 지금도 자신이 속한 사회에 잘 적응하게 하는 배움의 자리는 늘 있어왔다. 학교 등의 공교육기관뿐 아니라 교회나 성당, 사찰 등 종교시설도 그러한 역할을 수행한다. 배우지 못해 사회에 부적응하고 문제를 일으키는 사람은 많지 않다.

중요한 것은 가르치는 것이 아니라 함께하는 것이다. 영아기를 지나 유년기를 보내는 아이들에게는 더욱 그 '함께함'이 필요하다.

함께하는 것을 통한 다양한 배움 가운데 나는 특히 유연성에 대해 이야기하고 싶다. 공교육기관 등을 통해 '올바른 것'만을 배우다 보면 그 배움이 그대로 고착화되어 무언가 다르게 생각할 수 있는 여지를 가지지 못한다.

우리네 삶이란 언제나 명확한 원칙에 의해서만 살 수 있는 것은 아니다. 물론 신호는 반드시 지켜야 하고, 과속이나 무단횡단을 하면 안 된다. 다른 사람에게 피해를 끼쳐서는 안 되며, 규칙적인 생활을 해야 한다. 그러나 사람은 완전하지 않고, 완전하지 않은 사람들이 모여 사는 사회에서는 융통성과 유연함이 필요하다.

나는 사회가 가르치는 교육을 통해서만 삶을 배웠기에 한 치의 유연성도 가지지 못한, 그야말로 독특한 고집불통으로 살았다. 안 되는 건 안 되는 거였고, 그걸 대충 넘기려는 모든 사람들이 나의 적이었다. 그 적들과 했던 수많은 싸움들은 나라는 존재가 그나마 가지고 있던 에너지를 너무도 많이 고갈시켰다. 그건 참으로 힘든 일이었다.

열심히 자신의 주장을 굽히지 않던 친구가 때론 쉽게 '그럼 그렇게 하지 뭐' 하고 생각을 바꾸는 게 나는 너무나 신기했다.

나에겐 그런 유연성이 없었기 때문이다. 내게는 유연성을 가르쳐주는 사람도 없었고, 함께해주는 아버지도 없었다. 그래서 인생이라는 것이 그렇게 계획대로만 되는 것이 아님을, 그래서 가끔은 눈 질끈 감고 넘어가야 하는 일도 있음을 나는 알지 못했다.

함께하는 것은 그냥 함께하는 것이다. 아버지의 삶의 방식을 따라 할 수 있도록, 밥을 먹고, 사람을 만나고, 대화하고, 돈을 쓰고, 관계를 맺고, 이런저런 일을 할 수 있도록 말이다. 아버지가 말로 일일이 가르쳐주는 것이 아니지만, 그러한 매일매일에는 기쁨도 있고 희망도 있고 분노도 있고 절망도 있지만, 그 과정에서 아버지가 보여주는 있는 그대로의 아버지 모습이 바로 아이가 배워야 할 전부라고 해도 과언이 아니다.

어느 날 갑자기 아빠가 되어 마음에 가졌던 책임감이 아이를 얼마나 힘들게 했을까 하는 생각이 문득 들어, 오늘도 이렇게 변명 같은 반성문을 쓴다. 그냥 그 자리에 함께 있어주는 게 중요함을 몰랐고, 어떻게 해야 하는지는 더더욱 몰랐다. 그냥 무엇인가 해야 한다는, 무엇인가 가르쳐야 한다는, 그래서 아이로 하여금 더 많이 알게 하고 더 많이 행동하게 해야 한다는 투철한 사명감만 가득했던 시간들이었다. 그리고 아빠의 말이 그저 아득하기만 했을, 그래서 때론 두려움과 상처와 아픔을 느겼을 내 아이에게 미안하다는 말을 하고 싶다.

아빠가 삶의 과정에 존재하지 않았던, 그래서 애당초 아빠의 역할이 무엇인지도 몰랐던, 아빠라는 역할을 기대하지 않고 살았던, 그때는 아무것도 몰라 정말 아무렇지 않았던 나의 숨은 상처가, 이 반성문을 쓰는 지금에는 살짝 나를 아프게 한다.

내 안의 버럭이 끌어안기

우현씨는 딸 둘을 둔 딸바보다. 깔끔한 외모에 단정하게 옷을 차려입은 우현씨에게 두 딸은 무엇을 주어도 바꿀 수 없는 소중한 존재들이다. 아이로 인한 행복은 하늘을 나는 것 따위는 아무것도 아니게 느낄 만큼 컸다. 아이는 우현씨에게 세상을 다시 보게 해주었으며, 우현씨의 삶을 풍요롭게 만드는 원천이었다. 온 세상에 이렇게 많은 예쁜 아이들이 뛰놀고 있었다는 것이 비로소 눈에 들어왔다. 우현씨는 진심으로 놀라고 경이로워했고, 그의 말에서는 그 마음이 오롯이 전해졌다.

이렇게 행복한 일상을 살고 있는 우현씨가 상담의 자리에 찾아온 이유는 매우 단순했다. 어딘지 자기 안에 가득 쌓여 있는 분노가 불쑥불쑥 드러나 자신과 가족들을 위협한다는 것이다.

자기도 모르게 툭 튀어나오는 분노는 아내와 아이들을 당황시키고 힘들게 했다. 가장 힘들고 가장 당황한 사람은 사실 우현씨 자신이었다. 곧바로 정신을 차리고 아이들과 아내에게 사과하며 사태를 수습하려 했지만, 갑자기 마주한 아빠의 무서운 모습에 딸들은 숨어버렸고, 원래대로 상황을 되돌리는 데는 며칠이라는 시간이 필요했다. 자신을 이해하고 수용해준 아내 역시 걱정하는 눈빛이 역력했다.

"제가 분노조절장애 환자라도 된 걸까요? 나중에 생각해보면 별일이 아닌데, 그 자리에서는 전혀 참아지지 않더라고요. 사실은 병원에 가보려다가 여길 먼저 찾아오게 된 겁니다."

무엇이 자신을 이렇게 분노하게 하는지 모르겠다는 것이 우현씨가 상담을 요청한 이유였다. 상담 과정은 자연스럽게 삶에 관한 여러 이야기로 흘러갔고, 그의 모든 이야기는 두 딸에 대한 것으로 귀결되었다.

두 딸로 인해 분노가 표출되는 것은 아니었다. 우현씨에게 두 딸은 사랑의 대상이지 분노의 대상은 결코 아니었으니까. 그런데 그 아이들을 둘러싼 환경은 분노의 대상이 되었다. 아이가 어린이집에서, 유치원에서, 바깥에서 무언가 부적절한 대우를 받았다거나 아이를 대하는 아내의 모습이 부적절한 것 같은 느낌을 받으면 우현씨의 '분노 버튼'이 눌렸다.

내 안의 '버럭이'를 이해하기 위해

사실 분노라는 감정이 폭발하는 이면에 있는 것은 강하고 무섭고 파괴적인 무언가가 아니라, 금방 무너질 것만 같은 나약함이다. 분노의 본질은 겉으로 드러나 보이는 파괴적인 강함이 아니다. 분노는 사실 내면에 잠재해 있는 약함과 수치가 외부로 표출되어 드러나는 결과이자, 내면의 약함과 수치를 덮을 수 있는 도구일 뿐이다.

〈인사이드 아웃Inside Out〉이라는 애니메이션이 있다. "진짜 나를 만날 시간"이라는 한국어판 포스터의 작은 타이틀이 이 영화를 단적으로 표현했다고 생각한다.

이 영화는 하키를 좋아하고 많은 친구들과 행복했던 열한 살 소녀 라일리가 캘리포니아로 이사하면서 외톨이가 되어 다양한 감정을 경험하고 이를 극복해나가는 과정을 그렸다. 영화에 따르면, 모든 사람은 머릿속에 감정 컨트롤 본부를 가지고 있다. 그곳에서는 '기쁨이joy', '슬픔이sadness', '버럭이anger', '까칠이disgust', '소심이fear'가 서로 협력하고 때로는 갈등을 일으키며 열심히 일하고 있다. 그리고 영화는 그들 간 대화와 행동이 어떻게 인간의 정서를 건강하게 유지하는지를 철학적으로 보여준다.

'슬픔이'는 영화의 주인공인 라일리와 함께 중요한 역할을 한다. 영화 초반에 '기쁨이'는 '슬픔이'가 만드는 우울한 기억들을 못마땅하게 여기고, '슬픔이'의 행동반경을 동그란 원으로 지정해주어 그곳에서 나오지 못하게 한다. 이는 사실 "마지막에 모든 것을 해결해내는 감정은 결국 슬픔"이라는 것을 암시하는 반전의 초석이다.

'기쁨이'는 친구들과 즐겁게 하키를 하는 장면이나 엄마 아빠와 스케이트를 타는 장면 등이 늘 행복으로 기억되기를 원한다. 그러나 영화는 현재의 아픔과 상처 가운데 떠올리는 과거의 행복이란 그것을 그리워하는 '아련한 슬픔'으로 기억됨을 보여준다. '슬픔이'가 손대는 모든 것이 슬픔을 상징하는 푸른색으로 변해가는 이미지가 그것이다.

'기쁨이'는 슬픔을 두려워하고, 그래서 그토록 행복했던 과거의 기억이 슬픔으로 남게 되는 것을 막으려 한다. 그러나 사실은 '슬픔을 슬픔으로 느끼는 것'이 건강한 정서의 가장 중요한 요소다. 노란색의 기쁜 기억이 자꾸만 푸른색의 슬픈 기억으로 변하는 것은 어찌 보면 너무나 당연하다. 아스라한 행복을 그리워하며, 그렇게 느끼는 슬픔을 슬픔으로 인정하는 것이 모든 회복의 시작이 된다. 버스를 타고 가출하는 라일리를 멈춰 세운 것은 '버럭이'도, '기쁨이'도 아닌 '슬픔이'였다. 슬픔은 약하고 부끄럽고 숨겨야 하는 감정이 아니라, 드러내고 인정하고 수용해주어야 할 소중한 감정이다.

두려움과 불안을 대표하는 감정인 '소심이'도 '슬픔이'처럼 우리가 잘 이해하고 수용해주어야 할 감정이다. 두려움, 불안, 공포, 걱정, 염려, 무기력 같은 감정은 우리가 굳이 느끼고 싶어 하지 않는 감정들이다. 그러나 그런 감정들을 상징하는 '소심이'는 사실 아이의 안전을 지켜주고, 아이가 합리적으로 자신의 태도와 자세와 행동을 수정하게 할 수 있는 마음의 공간을 만들어준다. 두려움이 느껴지면 아이는 마음속 '소심이' 때문에 순간적으로 몸이 굳지만, 그건 그 자체로 아이의 안전을 담보해준다. 하염없이 연약해 보이기만 하는 '소심이'와 '슬픔이'를 무시하고 때로 폭력적으로 이들을 밀어내버리는 '버럭이'. 바로 우현씨 내면의 모습이다.

버럭이의 과격한 사이렌 소리가 의미하는 것

'버럭이'는 부정적으로 경험되는 '슬픔이'와 '소심이' 같은 감정을 한 번에 날려버리는 대표 선수다. 그리고 또 다른 면에서 우리를 지켜내는 역할을 한다. 영화는 '버럭이'를 부정적으로만 그리지 않는다. 열한 살 아이의 내면에 있는 '버럭이' 역시 열한 살이다. '버럭이'는 라일리가 끔찍하게 싫어하는 브로콜리를 입에 넣어주는 아빠에게 분노의 화살을 쏘지만, 아빠의 숟가락이 비행기로 변신하자 비행기에 정신이 팔려 브로콜리를 슬쩍 받아먹는다.

'기쁨이'와 '슬픔이'가 감정 컨트롤 본부에서 나가게 된 이후 권력을 가지게 된 '버럭이'는 라일리의 인격을 유지하는 우정, 가족, 유머, 정직의 섬들을 모조리 부서뜨리며 그 공격성을 자신을 향해 퍼붓는다. 한편으로 그런 '버럭이'의 모습은 열한 살 아이가 자신의 현실에 적응하지 못해 힘들어하는 과정에서 느끼는 감정을 매우 세밀하게 표현해주는 상징symbol이자, 그것을 알려주는 신호sign와 같은 것이다. 대부분의 사춘기 아이들이 겪는 혼란과, 그 와중에 아이들에게서 드러나는 적대적인 감정과 태도와 언어는 사실 자신들이 마주하는 현실을 감당해내기 힘들어 내는 신음과도 같은 것이다.

우현씨의 통제되지 않는 분노는 우현씨 내면에서 꿈틀대는 '슬픔이'와 '소심이'를 막아서기 위한 '버럭이'의 노력이라고 할 수 있다. 우현씨에게는 '소심이'로 대변되는 '염려'가 있었다. 두 딸을 너무나도 사랑하는 아빠로서 우현씨는 그 딸들에게 생각지 못한 일이 생길지도 모른다는 염려가 가득했다. 아이들이 엄마랑 있을 때조차도 혹시 엄마도 해결해줄 수 없는 일이 생기면 어떡하나 싶은 염려로 직장에서조차 마음이 불안했다. 첫째 아이가 초등학교 입학을 앞두었을 때 자신이 더 설렜다는 우현씨는 등교 한 달 전부터 학교는 어떤 곳인지, 선생님은 어떤 분인지, 친구들과는 잘 지낼 수 있을지, 혹시 왕따를 당하거나 폭력을 당하면 어떻게 해야 할지 몇 날 며칠을 염려하고 또 염려했다.

그런 염려는 우현씨에게 수치심으로 연결되었다. 생각해보면 말도 안 되는 것 같은 이런 염려들이 스스로 부끄러웠던 것이다. 특히 아이들과 놀고 있을 때나 아내와의 대화 도중 그런 부끄러움과 수치심이 문득 느껴지면, 그 감정을 부인하고 자신을 강하고 단단한 존재로 보이도록, 그래서 그 위기를 극복하도록 이끌어가는 것이 바로 '버럭이'였다. 아이와 아내는 당연히 왜 그가 아무것도 아닌 일에 분노하는지 알 수 없었다. 우현씨 자신도 무엇이 트리거가 되어 이렇게 분노가 폭발하는지 알지 못했다. 그리고 그렇게 분노한 자신을 인식하고 자신도 깜짝 놀라

스스로를 징계하고 파괴하려는 자기 처벌의 행동으로 그를 이끄는 것 또한 우현씨 내부의 '버럭이'였다.

내 마음속 버럭이를 끌어안아주기

몇 번의 상담 이후 나는 우현씨 가족 모두를 상담의 자리에 초대했다. 우현씨 아내가 남편을 얼마나 소중히 여기는지, 딸들이 얼마나 아빠를 좋아하는지, 그래서 아빠가 가끔 짜증 내고 화내는 것 정도는 충분히 수용할 수 있다는 것을 우현씨가 있는 그대로 받아들일 수 있도록 돕는 자리였다. 그리고 그 경험은 결과적으로 우현씨가 자신을 스스로 돌아보고 자신의 존재를 의미 있게 재정립할 수 있게 해주는 좋은 기회가 되었다. 아빠를 사랑하는 아이들은 우현씨 자체로 아빠를 받아들일 수 있으며, 그것은 우현씨 자신도 마찬가지다. 상담은 그 사실을 이해하고 수용하는 힘을 얻는 과정이었다.

이렇게 우현씨는 자신의 '분노'와 관련된 문제를 풀어갈 실마리를 얻을 수 있었다. 우현씨 내부의 '슬픔이'와 '소심이'의 건강함은 '버럭이'를 굳이 등장시키지 않아도 되는 시간들을 좀 더 많이 만들어주었고, 그것은 우현씨와 아내, 아이들 간의 관계에 긍정적으로 작용했다.

물론 우현씨가 왜 그렇게 많은 염려를 가슴에 품고 살아야 하는지에 대한 부분은 계속해서 다루어야 할 매우 중요한 주제다. 그건 무의식 어딘가에 어떤 기억이 억압되어 있는지, 어떤 방어기제Defense Mechanism를 사용해왔는지, 트라우마라 할 수 있는 어떤 아픈 경험이 있는지를 찾는 긴 여정이 될 것이다. 그리고 그것은 좀 더 나은 자신의 건강과 가족의 건강을 위해 도전해야 할 과제이기도 하다. 그렇지만 당장은 생각지 못한 상황에서 갑자기 분노를 폭발시키는 아빠를 아이들이 무섭게 느끼지 않도록, 아이들을 사랑하는 아빠의 마음이 잘 전달될 수 있도록 하는 것이 우선이다.

우리의 지식은 우리를 변화시키는 매우 중요한 근거가 된다. '버럭이'와 '슬픔이', '소심이', '까칠이'와 '기쁨이'까지, 우리 안의 감정을 구분하고 그 역할을 이해하는 것, 그리고 '버럭이'가 거친 사이렌 소리를 내며 달려올 때 그걸 정지시키는 것, 그 앞에 하염없이 약한, 내가 꼭 끌어안아줘야만 하는 '슬픔이'와 '소심이'가 있다는 것을 아는 것만으로도 우리의 변화는 이미 시작된다. 그리고 그건, 좋은 아빠가 되기에 충분하다는 뜻이기도 하다.

그렇게 딸이 아빠의 두려움이 되었다

아이는 중학교 3학년 여자아이로, 학교폭력의 가해자였다. 기관의 의뢰로 상담의 자리에 나와 마주하게 된 아이는 똘똘하고 당차 보이는 소녀였다. 아이는 아무런 감정도 기대도 없는 눈빛으로 나를 바라보았다. 몇 가지 질문에 대한 답은 간단한 '예'와 '아니요'로 끝났다. 온몸으로 '난 너랑 할 얘기 없거든'이라는 아주 명확한 사인을 보내고 있었다. 어쩔 수 없이 다섯 번이나 나를 만나야 한다는 게 아득하게 느껴지는 모양이었다.

"그냥 다 했다고 해요. 저도 그렇게 잘 말할 테니 선생님도 그렇게 대충 얘기하면 돼요."

요령까지 알려주며 나를 설득하는 아이에게 나는 이 상담이 도움이 될 것임을 끈질기게 말했다. 아이는 귀찮아했지만 어쨌든 한 시간씩 5회기를 채워야 했기에 대충 뚝딱 넘어가는 건 포기했다.

폭력과 가출의 악순환이 시작되다

아이는 사회를 건강하게 살아가기는 어려워 보이는 여러 '이력'을 쌓아두고 있었다. 자기 인생에 대해 체념한 듯한 태도를 보였다. 모든 걸 귀찮아했고 습관처럼 '짜증 나'를 되뇌었다. 아이는 학교폭력 사건 이후 어려서부터 경험했던 아빠로부터의 이런저런 폭력에 관한 문제를 상담기관 선생님들께 말씀드렸고, 이 문제는 바로 경찰로 넘어가 아빠가 불구속 상태에서 법적 절차를 진행 중이었다.

상담을 진행하기 전에 아이와 관련된 몇 가지 개인정보가 전해졌는데, 아이에게는 어머니가 없었다. 현재는 아버지와 단둘이 살고 있었고, 여섯 살 차이 나는 배다른 언니가 있었지만 사실상 아무런 관계를 맺고 있지 않았다.

나는 아이가 아빠라는 존재에 분노하고 대단히 부정적인 감정을 드러내리라 생각했다. 그런데 의외로 아이는 아빠에 대해 무척 차분하고 담담한 태도를 보이면서 아빠에 대한 이야기를 생각보다 수월하게 꺼냈다.

'아무 말도 안 통하는 꼰대'라는 것이 아이가 아빠에 대해 내뱉은 첫 번째 말이었다. 아이는 아빠가 자신을 위해 많은 것을 해준 존재라는 것을 알고 있었다. 하지만 그건 그냥 그렇다는 것이지, 그래서 아빠가 자신의 삶에 의미 있는 존재라는 뜻은 아니었다. 아이가 초등학생 때는 분노한 아빠에게 폭력을 당했고, 커가면서 폭력의 정도는 더 심해졌다. 아이는 그런 폭력에 무기력할 수밖에 없었다.

그러던 아이는 중학생이 되어 주변에 비슷한 처지의 아이들을 만났고 그들과 정서적 유대관계를 맺게 되었다. 그 이후 아이는 아빠의 잔소리가 시작되려고 하면 그냥 그 자리에서 사라져버리곤 했다. 그렇게 일주일가량 친구들과 거리를 전전하다 보면 어느 날 아빠가 자신을 찾아오고, 아빠에게 이끌려 집으로 돌아가는 일이 반복되었다.

"아빠가 저한테 그렇게 화를 낼 만하긴 해요."

이야기 중간에 튀어나온 이 말에 나는 당황했다. "너의 무엇이 그렇게 아빠가 화를 내게 했을까?"라고 묻는 나의 질문에 아이는 이런저런 이야기들을 해주었다.

내가 잘못한 게 아닌데 왜 나한테 이래?

초등학교 4학년 때 아이는 집단따돌림을 당했다. 아이는 참기도 하고 화를 내기도 하며 적당히 견디다가, 너무 화가 나면 싸웠다. 담임선생님은 문제를 해결하기 위해 아빠를 학교로 불렀고, 아빠는 고개를 조아리며 선생님께 용서를 빌었다. 그리고 집으로 돌아와 아이에게 폭력을 행사했다.

아이는 그런 아빠를 도무지 이해할 수 없었다.

"내가 잘못한 게 아닌데 왜 나한테 이래?"

아빠는 아이의 항변에 더욱 화를 냈고, 폭력은 심해졌다.

아이는 학교에서도, 집에서도 자기 말을 들어주는 사람이 없었다. 선생님은 아이를 다른 아이들로부터 보호해주지 않았다. 선생님은 늘 기계적으로 중립적인 태도를 취했다.

"너도 잘못한 게 있으니까 애들이 너한테 그러는 거야."

아이는 아빠에게도, 선생님에게도, 친구에게도 늘 억울한 마음이 가득했다. 그런 억울함을 풀어준 건 중학교 2학년 때 만난 친구들이었다. 자신과 비슷한 분노와 억울함을 지닌 아이들이 몇 있었고, 마음이 통했다. 집을 나와 그 아이들과 함께하는 게 그럭저럭 괜찮았다.

"몸은 불편했죠. 하지만 마음이 편했어요. 그게 어디예요?"

처음 가출했다가 집으로 끌려갔을 때 아이는 아빠에게 맞아 죽을 거라고 생각했다. 그런데 아빠는 분노했지만 아이를 때리지는 않았고, 다시는 그러지 않겠다는 약속을 받아내려고 했다. 아이는 그러겠다고 약속했다. 그리고 아이는 수없이 그 약속을 어겼다.

"차라리 아빠가 나를 안 찾았으면 좋겠어요."

아이는 아빠가 홀로 자신을 키우면서 할 수 있는 한 모든 걸 다 해주려고 했다는 걸 기억하고 있었다. 그리고 어릴 적 아빠는 자신의 유일한 보호자였으며, 겁나고 무서울 때마다 늘 자기편이 되어주는 존재였다고 말하기도 했다.

회사를 경영하는 아빠는 바빴다. 아이는 집안일을 봐주시는 아주머니와 대부분의 시간을 보냈다. 그런데 그 아주머니는 좋은 사람이 아니었고, 그래서 아이는 늘 아빠가 좀 더 집에 많이 있기를, 저녁이면 빨리 집에 돌아와주기를 바랐다. 아이는 아빠로부터 받은 억울한 폭력의 기억보다 그 기억을 더 간절하게 간직하고 있었다. 그런 기억 때문에 억울하고 화가 나도 꾹 참았던 적도 많았다. 하지만 지금 아이는 자신의 억울함과 분노에 공감해주는 친구들이 더 중요해졌다. 지금은 그 친구들과의 행동을 약간 후회하기는 하지만, 그렇다고 딱히 다르게 행동할 의지도 없었고 상황이 달라질 가능성도 없다고 생각했다. 열다섯 살 아이의 말과 생각은 내게 참 슬프게 다가왔다.

그렇게, 딸은 아빠의 두려움이 되었다

나는 아이에게 허락을 받은 후 아이 아빠에게 연락하여 한번 오셨으면 좋겠다고 부탁했다. 단 한 번, 두 시간여의 만남이었다. 아이를 위한 것이라는 이야기에 아빠는 흔쾌히 시간을 내

주었다. 사전에 나는 아이에게 모든 이야기는 아이가 허락하는 만큼만 진행할 거라는 이야기와 함께 우리가 이야기한 내용 중에 아빠가 알지 않아야 할 것이 있는지, 내가 아빠에게 물어보기를 원하지 않는 것이 있는지를 물었다. 아이는 무슨 말을 해도 상관없다고 대답했다.

폭력이라는 단어가 있어 우락부락한 인상을 상상했지만, 아이 아빠는 말투도 차분하고 인상도 점잖은 사람이었다. 자신이 다 잘못했다는 말로 이야기를 시작한 아빠는 내게 아이가 어떤지, 잘 회복될 수 있을지 물었다. 우리는 아이 엄마에 관해 이야기하며 대화를 이어나갔다.

그는 처음 결혼에서 아들과 딸이 있었는데, 이혼하면서 아내가 아들을 데리고 갔다. 그는 꽤 괜찮은 사업을 하고 있었고, 그래서 딸을 키우는 게 자신 있었다. 아주머니 한 명을 고용해 여섯 살이던 딸을 온종일 돌보게 했다. 그리고 1년쯤 후 재혼하여 수연이를 낳았다. 첫 딸이 아홉 살, 수연이가 세 살쯤 되었을 때 첫 딸과 아내의 갈등이 심해져 딸을 기숙사가 있는 대안학교에 보냈고, 그 이후 그 딸과 집에서 함께 산 적은 없었다. 대학생이 된 딸은 가족에 대한 원망이 커서 지금은 거의 연락마저 끊긴 상태였다.

잘나가던 사업은 급격히 기울어졌고, 그 와중에 교통사고까지 당했다. 사고 이후 정신을 차려보니 회사는 동업자의 배신으로 자기 손을 떠났고, 아내는 마지막 남은 전세금을 빼돌려 사라졌다. 네 살 된 아이는 자신이 입원해 있는 병실에 덩그러니 홀로 남겨져 있었다. 석 달 후 퇴원한 아빠는 아이와 함께 돌아갈 곳이 없었다.

아빠는 네 살 딸을 끌어안고 많이 울었다. 아이에게는 아빠가 전부였는데, 아빠는 살려면 이것저것 해야만 했다. 그런 쉽지 않은 환경이 마음과는 달리 아이에게 자꾸 화를 내게 만들었다. 아이를 돌보기 위해 고용한 아주머니는 여섯 시면 돌아가야 했고, 아빠는 아주머니와 여섯 시에 교대하겠다는 약속을 잘 지키지 못했다. 아이는 집 안에 혼자 덩그러니 남아 아빠를 기다렸다.

아빠는 늘 미안했지만 시간이 지나면서 아이도 적응하려니 하고 편하게 생각했다. 엄마에게 버림받은 아픈 아이라는 걸 알고 있었지만, 그래도 아이가 조금 참으면 될 거라고 쉽게 생각했다. 아빠는 아이와 소통하지 못했고, 초등학교에 입학한 아이에게 필요한 준비물과 숙제를 신경 쓰지 못했다. 아이는 숙제도 준비물도 제대로 못 챙기고 가야 했던 학교에서 수치심을 느꼈고, 친구들과 선생님으로부터 이런저런 상처가 쌓이는 중이었다. 아빠는 그걸 전혀 몰랐다. 아빠 인생도 힘들었기 때문이다. 배신과 상처와 좌절로 얼룩지고 사고 이후 몸마저 성치 않게 된 아빠에게 딸은 포기하지 않고 인생을 살게 해준 원동력이었지만, 그걸 표현하지는 못했다.

그렇게 아이가 중학생이 된 어느 날, 저녁이 되어도 아이가 돌아오지 않아 전화를 걸었더니 "조금 있다가 들어갈게. 지금 집 앞 횡단보도야"라는 말을 마지막으로 아이가 사라져버렸다. 전화는 꺼져 있었다.

아빠는 처음으로 딸에게 두려움을 느꼈다. 경찰에 신고하고 일주일이 지나 겨우 찾아낸 딸을 집으로 데리고 오는 길에 아빠는 아무 말도 할 수 없었다. 이런 일이 다시는 없기를, 이번이 마지막이기를, 학교에서도 집에서도 그냥 평범한 아이가 되어주길 수도 없이 기도했다. 하지만 이후로 그런 일은 수시로 일어났다. 그렇게, 딸이 아빠의 두려움이 되었다.

중학교 2학년 겨울, 몇 번인지 기억이 나지 않을 만큼 아이를 찾아 데리고 돌아오는 차 안에서 아이가 이렇게 말했다.

"아빠. 나 다시는 이러지 않고 학교하고 집만 다니면서 잘 있을게."

그 말에 아빠는 아이를 부여잡고 펑펑 울며 이렇게 이야기했단다.

“그래. 그렇게 말해줘서 너무 고맙다. 그런데… 그런데… 너무 고맙고 너무 고마운데… 아빠가 그게 믿어지지가 않아. 아빠가 널 믿어야 하는데, 아빠가 네 말이 믿어지지가 않아….”

아빠는 꺽꺽 소리를 내며 울었다. 자신의 두려움이 되어버린, 그 소중한 딸을 부여잡고 울었다. 자신의 무능을 한탄하고 과거를 후회하며. 딸의 말을 믿지 못하는 아빠의 한없는 슬픔에, 그 모든 것을 자신의 탓으로 끌어안고 살아야 할 아빠의 막막함에 나도 함께 울었다.

아빠는 포기하지 말아야 한다

아이는 당분간 아빠와 떨어져 기관에서 공동체 생활을 해야 했고, 아빠는 다시 생존을 위한 돈벌이를 하러 갔다. 두려움이 되어버린 딸과 상처투성이인 자신의 이야기를 두 시간 가까이 쏟아낸 아빠는 조금은 홀가분해 보이는 모습으로 상담실을 나갔다. 아이는 4회기 이후 더 이상 상담을 진행하지 못했다. 그리고 나는 이 딸과 아빠의 그다음 이야기를 알지 못한다. 그저, 지금의 삶을 아픔과 상처만이 아니라 기쁨과 행복으로 조금씩 채워가고 있기만을 간절히 바랄 뿐이다.

나는 가끔 아이를 키우는 것이 우산을 쓰고 소나기를 맞으며 걸어가는 것과 비슷하다는 생각이 든다. 아무리 좋은 우산을 써도 세차게 부는 바람과 어느 순간 첨벙 밟아버리는 길거리의 작은 웅덩이는 옷과 양말을 여지없이 적셔버린다. 어떻게 하든 옷은 지저분해지고 신발은 젖어버리고 마는 것이다.

엄마와 아빠가 아무리 애써도 도저히 통제할 수 없는 세상의 수많은 것들이 세찬 바람이나 미처 발견하지 못한 웅덩이처럼 아이를 물들이고 망가뜨리고 이런저런 생채기를 낸다. 이른바 '문제아' 자녀를 둔 아빠들을 만나며 내가 할 수 있는 것은 그저 그들이 아이를 얼마나 사랑하는지를 들으며 함께 우는 것밖에 없다.

아빠는 포기하지 않고 나름의 경계를 끝없이 지켜내려는 노력을 해야 한다. 이 일에 있어서만큼은 "열매로 그들을 알 수 있다"는 성경 어딘가의 구절은 예외여야 한다. 아이를 키우는 데 있어 과정과 결과에는 절대로 인과관계가 없다.

이 이야기가 아빠의 폭력을 옹호하고 아이의 철없음을 비난하고자 함이 아님을 꼭 이해해주었으면 한다. 우리네 삶에서 수없이 발생하는 예기치 못한 세찬 비바람은 아빠의 사랑도, 아이의 사랑도 상상할 수 없는 저 먼 어느 곳으로 날려버리곤 한다. 그러나 그렇게 아빠의 두려움이 된, 때론 상처와 아픔이 된 딸을 다시 한번 가슴에 품고 손을 내미는 것은 아빠여야 한다. 오늘, 지금, 여기에서 내 할 일을 찾아 다시 한 걸음을 내미는 것은 누가 뭐라 해도 아빠여야 한다. 그래서 아버지가 아니라 아빠다. 쓰러지고 온몸이 젖어도 포기하지 않고 일어나 가슴에 아이를 품는 존재는 '기둥 같은 아버지'가 아니라 바로 '아빠'이기 때문이다.

노를 열심히 저어도 섬은 멀어져만 갈 때

돈을 주어도, 대화를 해보자고 마주 앉아도, 함께 여행을 가도, 맛있는 것을 먹으러 가도 귀에 이어폰을 끼고 다니며 기껏해야 묻는 말에 '네' '아니요'로 답하는 게 전부인 중고등학생 아이들을 바라보는 건 참 힘든 일이다. 이 외계인들은 도무지 의사소통이 불가능한 것처럼 보이고, 때론 지독히도 이기적인 모습으로 부모를 분노하게 한다.

그런 힘든 시간들을 아빠도 엄마도, 아이들도 그저 견디며 보내는 게 우리네 인생이지만, 가장 힘든 건 변화나 회복의 조짐이 도무지 보이지 않는다는 것이다. 이런 끝이 보이지 않는 막막함을 통해 얻게 되는 감정 가운데 하나가 바로 무기력감이다. 가족을 위해 열심히 살았다고 자부하는 아빠들에게 문득 찾아오는 이 감정은 사실 그 막막한 시간을 견디는 것보다 더 힘들다.

따뜻한 봄바람이 부는 4월의 어느 날, 그렇게 아이와의 관계에서 느끼는 무기력함이 온통 자신을 불안하게 만들어 일상생활도 힘들어진 민수씨가 상담실 문을 두드렸다. 나름대로 인간관계 하나는 누구보다 자신 있다고 자부하던 민수씨에게 중학교 2학년 아들은 자신을 무기력하게 만들었고, 나아가 삶 전체를 불안하게 했다. 민수씨는 그 불안을 견디기 힘들어 내게 상담을 받으러 온 것이다.

가족이 나를 무시하는 것 같을 때

스스로 상담을 받기로 결심하고 그 자리를 찾아오는 건 그 자체만으로도 중요한 회복의 첫걸음이 된다. 사람들은 대부분 마음의 문제는 치료나 회복의 대상이라고 생각하지 않는다. 그건 그냥 참고 견디고 넘어가야 하는 것이지, 남에게 이야기하거나 도움을 요청할 일은 아니라고 생각하는 사람들이 아직도 많다. 밥을 못 먹게 하고, 잠을 못 자게 하며, 관계를 망쳐버리고, 온통 사방에 문제를 일으키는 것이 바로 그 마음의 문제라는 것은 알지만, 그런 문제에 대하여 전문가를 찾아가 도움을 청하는 것은 망설이게 되는 게 사실이다.

민수씨는 무척이나 힘들고 피곤한 삶을 살고 있었다. 민수씨의 아내와 아이들은 그 가장 중요한 원인이었다. 자신은 아내와 아이들을 너무 사랑하는데 그들은 자신을 사랑하지도 않고 존중하지도 않는 것처럼 행동하고, 그렇게 느껴진다는 것이 민수씨가 가진 문제의 핵심이었다.

아이들이 어렸을 때는 가족 내에서 꽤나 중심적인 역할을 하며 가족관계를 이끌었던 민수씨였다. 그런 민수씨가 지금, 자신의 존재가 가족 내에서 무의미해지고 있으며 이를 해결할 능력이 없다는 무기력감과 불안감에 시달리고 있다는 것이다.

그런데 과연 민수씨의 아내와 아이가 남편이고 아빠인 민수씨를 싫어하고, 존중하지 않을까? 이런 상담을 진행할 때 상담사로서 내가 제일 처음 가져야 하는 의문이다. 내담자는 때로 문제를 축소하기도 하고 확대하기도 한다. 어떤 내담자는 자신이 지금 말하는 것이 무엇인지 정말 모르기도 한다. 그렇기에 상담자인 나는 내담자의 이야기를 있는 그대로 들으려 노력하기도 하지만, 또 한편으로 내담자의 이야기 뒤에 숨은 진심을 들으려 노력한다.

몇 회기를 지나면서 나는 내가 가진 의문에 대한 답을 얻었다. 결론은 그렇지 않다는 것이었다. 아내와 아이는 민수씨를 사랑하고 존중하며 소중히 여기는 평범한 가족이었다.

그렇다면 무엇이 민수씨로 하여금 아내와 아이의 행동과 태도를 그렇게 느껴지게 했을까? 어느덧 민수씨와의 상담 주제는 아이들과의 관계에 대한 어려움과 가족 내에서의 불신 등을 지나 민수씨 내면에 있는 그 '무엇'으로 바뀌었다.

아빠의 마음을 건강하게 지키는 것의 중요성

청소년 시기를 지나는 아이들과 건강한 관계를 형성하는 것은 당연히 어려운 일이다. 여기에는 노력도 필요하고 인내도 필요하다. 그런데 이러한 과정을 잘 견뎌내기 위해 더 중요한 것이 있다. 그건 바로 아빠인 자신의 마음을 건강하게 지켜내는 것이다. 이건 지식도 필요하고 가끔은 상담도 필요하다. 그냥은 어렵다.

심리학에 대상관계이론이란 게 있다. 프로이트가 창시한 정신분석이론의 뒤를 이은, 마음에 관한 매우 중요한 이론이다. 인간이 태어나 처음 마주하는 양육자와 형성한 관계에서의 경험이 그 사람의 전 생애 동안 사람들과 관계를 형성하는 데 큰 영향을 미친다는 것이 이 이론의 핵심이다.

초기 프로이트가 인간을 갈등의 존재로 인식했다면, 프로이트 이론을 배경으로 만들어진 대상관계이론에서 인간은 결핍의 존재로 인식된다. 대상관계이론의 가장 기초적인 전제는 세 살 이전에 형성된 대상과의 관계 경험이 인간에게 무척 중요하며, 그 경험의 핵심은 자신의 결핍을 충족시키는 과정이라는 점이다. 그 과정에서의 경험으로 마음속에 형성된 대상에 대한 이미지를 상담학에서는 '표상representation'이라고 한다. 인간은 누군가 나 이외의 대상과 관계를 형성할 때 이 표상을 그 대상에게 투사하면서 일차적인 관계를 형성한다. 사실 인간은 우리 앞에 있는 존재 그 자체와 처음부터 의미 있는 관계를 형성하지는 못한다.

나 이외의 타인과의 관계를 핵심 주제로 삼는 대상관계이론에서는 두 가지 매우 중요한 문제를 다룬다. 첫째는 '내 안에 만들어진 표상이 무엇인가'에 관한 것이고, 또 하나는 '그것이 어떻게 내 안에 형성됐는가'이다. 자기 안에 있는 표상을 건강하게 인식하고 이해하면, 우리는 우리의 표상이 투사된 대상이 아닌 진짜 대상과의 관계를 형성할 수 있게 된다. 그렇게 대상의 진짜 본질을 볼 수 있는 눈을 가지는 것이 삶의 성장이고 발전이며, 인생을 살아가며 지속적으로 노력해야 하는 매우 중요한 삶의 과제이다. 어떤 사람들은 왜곡된 표상과 그 투사로 인해 평생 자기와 관계를 맺고 있는 존재의 진실함과 마주하지 못하기도 한다.

그들이 빨간 게 아니라, 내 안경이 빨간 것이다

아내와 아이는 남편이고 아빠인 민수씨를 사랑하고 존중하며 살아가고 있다. 그런 아내와 아이에게 민수씨는 자신 안에 있는 부정적 표상을 투사하고 있었다. 말하자면 민수씨는 빨간색 색안경을 끼고 아내와 아이를 바라보고 있다. 빨간색은 민수씨 안에 이미 형성된, 사람들에 대한 부정적 마음의 표상이다. 그러니 아이들과 아내의 모습은 온통 빨간색이다. 그러나 이는 민수씨가 그렇게 본다는 것일 뿐 정말 빨간색이라는 말이 아니다.

민수씨의 삶의 과정에서 존중받지 못하고 무시당하며 수치스러웠던 아픈 경험들은 때로 별것 아닌 것처럼 흘려보내고 넘어가기도 하지만, 어떤 것들은 마음속 깊이 상처로 남아 민수씨에게 영향을 주고 있다. 어떤 방송에서 한 유명인이 "상처를 누가 주면 다시 돌려주고 오세요. 그걸 왜 받아 와요"라고 하는 말을 들은 적이 있다. 농담인 줄 알면서도 마음 한구석에 찝찝한 기분이 남았다. 상처는 그렇게 쉽게 이야기할 주제가 결코 아니기 때문이다. 상처는 그것을 주는 대상이 누구인지, 그 순간에 내가 어떤 환경에 있었는지, 그 경험이 얼마나 크게 느껴졌는지가 모두 중요하다. 이 모든 것들이 합쳐져 자기 안에 자신이 만나게 되는 사람에 대한 부정적인 표상이 자리 잡는다.

그렇게 소유하게 된 빨간색 색안경은 민수씨가 아내와 아이를 바라볼 때 이전에 나에게 상처와 아픔의 근거가 되었던 대상들처럼 나에게 상처를 줄 부정적 대상으로 인식하게 한다. 그래서 아내와 아이의 태도와 행동과 말을 왜곡하고 오해하게 되고, 결국 관계는 어려워진다.

아내는 늘 민수씨에게 "내가 아니라고 하면 당신이 아니라고 생각해? 당신은 늘 당신 맘대로만 생각하잖아"라고 이야기한다. 민수씨가 이미 아내와 아이의 말을 왜곡하고 오해해서 듣기로 작정하고 있다는 뜻이다.

그들이 빨간 것이 아니다. 내 마음의 안경이 빨간 것이다. 그러니 회복은 바로 내 안경의 색을 바꾸는 것, 즉 '나'를 변화시키는 것으로부터 시작되어야 한다.

이런 상황을 생각해보자. 퇴근 후 집에 들어가 "아, 오늘 너무 피곤하네"라는 한마디를 던진 민수씨는 그 말에 대한 아내의 반응에 주의를 기울인다. 이런 민수씨 마음을 알 턱이 없는 아내는 아무렇지도 않게 "아니, 세상에 힘들게 살지 않는 사람이 어디 있어? 세상 사는 게 다 피곤한 거지, 뭐"라고 말한다. 그런 아내의 태도와 말을 민수씨는 자신을 존중하고 사랑하지 않는 증거라고 받아들이게 되는 것이다. 자신에게 저런 태도를 보이고 저런 말을 했던 사람들에 대한 민수씨의 경험은 지극히 부정적이었기에, 빨간색 색안경을 끼고 보는 '빨간색 아내' 역시 자신을 존중하지 않을 뿐 아니라 자신을 부정적으로 바라보고 있다고 확신하게 된다. 그리고 이러한 생각이 민수씨 내면에 수치심으로, 무기력감으로, 때로 분노로 쌓이게 되는 것이다.

이런 민수씨가 아내에 대해 드러내는 반응이 좋을 리 없다. 결국 그렇게 오가는 몇 번의 대화는 부부싸움이 되어 가족의 저녁 시간을 망쳐버리곤 했다. 아이들도 당연히 이러한 과정에 알게 모르게 참여하게 되고, 이게 반복되면 아내나 아이 모두 남편이자 아빠인 민수씨와의 대화를 피하게 된다. 아내는 남편이 왜 저렇게 늘 시비를 거는지, 왜 부부의 대화가 이렇게 결론 나게 되는지, 왜 모든 말을 부정적으로만 받아들이는지 답답하기만 하다.

민수씨는 사실 이런저런 어려움을 극복해내며 투사鬪士처럼 인생을 살아왔다. 물론 대부분의 사람이 그러하리라. 어쨌든 민수씨는 그렇게 살며 마주하게 된 많은 사람들과의 관계에서 형성된 아픔과 상처를 가지고 있었다. 그는 사람들을 믿었지만 그들은 그를 배신했고 절망하게 했으며 분노하게 했다.

기억나는 가장 첫 번째 배신이 아버지였다는 그의 말은 우리의 상담을 민수씨의 마음 깊은 곳으로 들어가게 했다. 그리고 그 이야기는 민수씨 자신이 가지고 있는 표상에 대한 이해를 넓히는 시작점이 되었다.

아빠가 빨간 색안경을 쓰게 된 이유

아버지는 하루하루를 일당으로 살아가는 막노동을 하시는 분이었다. 늘 아이에게 맛있는 것과 좋은 장난감을 약속했지만 안타깝게도 그 약속이 지켜진 일은 없었다. 아버지는 지방으로 다니며 여러 건설 현장에 참여하셨는데, 한번 가면 보통 석 달은 집에 들어오지 않으셨다. 그리고 그렇게 석 달을 기다린 아이와의 약속은 언제나 지켜지지 않았다. 오히려 오랜만에 집에 온 아버지는 자신과 어머니, 동생에게 늘 화를 내고 폭력을 행사했다. 심지어 무언가를 뺏어가기도 했다. 민수씨는 초등학교 3학년 때 아버지가 자신에게 무언가를 해줄 수 있으리라는 생각을 깨끗이 접었다.

문제는 그러한 아버지와의 관계가 민수씨에게 만들어준 부정적 표상이었다. 민수씨에게 자신과 관계를 맺는 대상은 거짓을 말하고 약속을 지키지 않으며 그럼에도 당당하게 자신에게 무언가를 요구하는 존재였다. 물론 민수씨의 모든 인간관계가 그런 사람들로만 가득하지는 않았을 것이다. 그러나 잊지 못하고 흘려보내지 못한 상처와 아픔은 민수씨 내면에 부정적인 표상이 자리 잡도록 했다.

그렇기에 민수씨의 인간관계는 늘 긴장의 연속이었다. 정신 똑바로 차리고 그들의 거짓말에 넘어가지 말아야 했고, 내가 상황을 통제할 힘을 지니고 있어야 그들에게 이용당하지 않고 내 것을 지킬 수 있었다.

이러한 노력은 아이러니하게도 민수씨가 자칭 인간관계의 달인이 될 수 있도록 해주었다. 모든 사람과 좋은 관계를 맺고 있다고 자부하는 민수씨의 인간관계는 사실 대단히 표피적이었고 형식적이었다. 싹싹하게 인사도 잘하고 다른 사람의 부탁을 나이스하게 들어주는 민수씨의 노력은 사실 자신의 부정적 표상으로 인한 불편함을 누르고 그 불편함을 만들어내는 사람들의 태도와 자세를 무조건 긍정적으로 받아들임으로써 갈등을 피하려는 민수씨만의 삶의 방식이었다.

그런 노력은 민수씨를 무척 힘들고 지치게 했다. 그래서 가정은 민수씨가 긴장을 내려놓을 수 있는 유일한 곳이어야 했다. 그런데 역설적이게도 민수씨는 그곳에서 자신의 부정적 표상을 투사하여 아내와 아이를 왜곡하고 오해했다. 눈치 보거나 참지 않아도 되고 무조건 긍정적으로 보지 않아도 되는 곳이 바로 가정이기에 그랬던 것이다.

아이는 자연스럽게 지금 하고 싶은 것을 말하고 하고 싶은 대로 행동하는 것뿐인데, 아빠는 그런 아이의 말과 행동을 반응이 떨떠름하고 표정이 어정쩡하다고 오해한다. 자연스럽게 아빠에게 '이거 주세요', '저거 주세요', '그건 몰라요', '그건 이렇게 된 거예요'라고 이야기하는데, 아빠는 그 이야기를 들으며 '이놈이 날 속이려 하는구나', '이놈이 날 이용해 먹으려고 하는구나' 하는 식으로 받아들이는 것이다. 그러니 아빠는 '뭐 하려 하는데?', '어디서 이런 거 배웠는데?' 하며 아이를 몰아붙이고, 별거 아닌 일에도 화를 내게 된다. 아이는 아빠에게 어떤 말도 하기 힘들어진다. 한마디를 하더라도 조심해야 하니, 결국 아빠와 대화는 안 하는 게 낫다고 확신하게 된다. 이렇게 또 다른 오해와 왜곡을 낳는 악순환이 시작된다.

심지어 민수씨는 상담 초반에 중학생인 자신의 아이가 '매우 교활하다'고 표현하여 상담사인 나를 경악하게 했다. 민수씨는 아이를 너무 사랑하지만, 어려서부터 벌써 그렇게 교활하면 나중에 어떻게 살 것인지 염려된다고 말했다. 이 아이를 가만두었다가는 많은 사람에게 손가락질받는 존재가 될 것이라는 걱정을 얹어서 말이다. 자신의 아이가 이 세상에서 그런 존재로 성장하는 것을 아빠는 결코 보고만 있을 수 없다. 그러니 민수씨에게는 교활한 아이를 순수하고 정직한 아이로 변화시켜야 한다는 투철한 사명감이 가득했다.

더 안타까운 것은 아이가 자신을 우습고 하잘것없는 존재로 보고 있다고 느끼는 것이다. 이건 민수씨에게 더욱 견디기 힘든 상처와 아픔이다. 그래서 민수씨는 자신에게 이런저런 핑계를 대거나 뭔가를 요구하는 아이를 향해 분노를 내보이기도 했다. 때로 아이가 보고 싶지도 않고, 아이가 아무것도 하지 않았는데도 그냥 싫을 때마저 있었다. 사실 민수씨의 진짜 마음은 '이 아이가 아빠를 어떻게 생각하기에 이런 말을 하는 건가?'라는 것이었다. 하지만 아이는 그렇게 생각될 만한 말을 한 적이 없었다. 그러니 아이는 억울할 뿐이고, 그러한 상황을 바라보는 아내의 마음에는 남편에 대한 짜증과 분노가 가득하게 된다.

모든 변화의 시작은 자신으로부터

좋은 아빠로서 민수씨의 회복은 사실 민수씨 자신으로부터 시작되어야 한다. 스스로에 대한, 내가 관계하는 수많은 타인에 대한 표상을 통찰하는 과정을 통해 자기 안의 표상이 왜곡되었음을 이해할 수 있어야 한다. 그러한 과정은 민수씨가 앞에 존재하는 대상을 자기 안에 있는 표상으로서가 아니라 있는 그대로의 진짜 모습으로 볼 수 있는 능력을 확장시킬 것이다. 아이가 울면 우는 것이고, 아이가 짜증을 내면 그냥 짜증이 난 것이다. 그 행동과 태도는 민수씨에 대한 것이 아니다. 아이는 그냥 아이이기 때문이다.

아이에 대한 마음의 왜곡은 아이를 억울하게 하고, 아빠와 대화하고 아빠를 존중하고 사랑하고자 하는 마음을 사라지게 만든다. 가장 중요한 건 있는 그대로 아이를 바라볼 수 있는 마음을 가지는 것이다.

모든 사람이 표상으로 사람을 바라보고, 그 표상으로 자신과 가족의 관계를 망친다는 이야기를 하고 싶은 것은 아니다. 모든 가족의 아픔과 상처의 원인이 표상이라는 말을 하려는 건 더더욱 아니다. 하지만 때로 그런 경우가 있다는 것이다. 그리고 그런 경우라면 좀 더 자신을 성찰하고 자신에 대한 이해를 넓히는 과정에 한번은 도전해볼 수 있어야 한다는 이야기를 하고 싶은 것이다.

노를 저을 줄 모르면 열심히 노를 저어도 섬은 점점 멀어져만 간다. 작은 나룻배를 타고 노를 젓는 것은 생각보다 어렵다. 가장 어려운 건, 이렇게 저으면 저렇게 갈 거라는 생각이 전혀 들어맞지 않는다는 점이다. 그래서 노를 열심히 저어도 배는 엉뚱한 곳으로 가게 되는 것이다. 그곳이 잔잔한 강물이 아니라 파도 치는 섬을 향해 가는 길이라면 더욱 그렇다. 출렁이는 파도라는 또 다른 난관이 떡하니 우리를 비웃고 있을 것이기 때문이다.

아빠가 되려면 자신에 대해 이해하려는 노력이 있어야 한다. 그 낯선 이해가 바로 노를 젓는 것이라고 할 수 있다. 누구나 좋은 아빠가 되기를 기대하고, 그렇게 하려 노력한다. 그러나 태어나 꼼지락거리는 아이의 울음에 쫓기기 시작할 때부터 이미 그 기대와 노력은 허무해져버리고 만다. 남는 건 마주한 현실이 요구하는, 그야말로 '몸으로 견디며 배우는' 생존이다. 그건 나름대로 효과가 있어 아이를 키우는 데 어떻게든 익숙해질 수 있다. 있는 힘껏 최대한 노를 저으면 어쨌든 하염없이 물에 밀려가지는 않을 것이기 때문이다. 그런데 그걸 끝도 없이 저어야 한다는 것이 첫 번째 마주하는 어려움이고, 노 젓는 곳이 잔

잔한 강물이 아니라 느닷없이 파도가 몰아치곤 하는 바다라는 점이 다음으로 대면해야 하는 어려움이다. 아무리 아이에게 잘 해주려 해도, 사춘기 아이는 점점 멀어져만 간다. 가까이 보이는 섬은 만만해 보이지만 우리 사이에 바람에 일렁이는 파도가 가로막고 있는 것이다.

가만히 있어도 멀어져만 가는 것 같은 아이들을 그저 바라보고 있어야 할 때도 있다. 그래도 노 젓는 법을 배우면 좀 나아지지 않을까? 행복하기만 해야 할 관계를 그렇게 힘들게만 경험하고 있는 민수씨가 참 아프게 느껴진다. 자기 삶을 정말 열심히 살아가고 있기에 더욱 그렇다. 민수씨와, 비슷한 고민을 안고 있는 많은 아빠들이 조금만 눈을 들어 나와 내 가족을 향한 소중한 사랑의 의미를 '물어보고, 찾아보고, 알고자 노력하는' 그 자리에 한 걸음 다가갈 수 있게 되기를 기대한다.

싸움을 피하고 도망가기만 하는 아빠

기억 속 초등학교 운동장은 어마어마하게 크지만, 중년이 되어 가본 초등학교 운동장은 작고 초라해 보인다. 이 기억 속 넓은 운동장이 바로 우리 마음속 표상이다.

그런데 이런 운동장이나 맑은 하늘이나 옛날 시골집 같은 기억은 우리 무의식 속에 저장되어 있을 뿐 의식적으로 기억하려고 하지도 않고, 문득 그 기억이 되살아나도 우리에게 미치는 영향이 미미하다. 그냥 추억이다.

그러나 사람에 대한 표상은 그렇지 않다. 경험을 통해 만들어진 사람에 대한 표상은 우리 삶에 큰 영향을 미친다. 그래서 때로 전혀 관계도 없는 연예인을 아무 이유 없이 그토록 좋아하기도 하고 싫어하기도 한다. 내 안에 '어떤 특징을 가지고 있는 사람'에 대한 표상이 존재하기 때문이다. 그 표상은 처음 마주하는 사람에 대한 선입견으로 작용하기도 한다. 이를테면 '엄마'를 생각하면 떠오르는 여러 긍정적 이미지는 좋은 표상으로 우리 마음에 기억되고, 그 기억은 긍정적 이미지를 내 안에 형성시킨다.

나에 대한 마음속 표상

사람에 대한 마음속 표상은 다른 사람뿐만 아니라 '나'에 대한 것도 있다. 나는 착하고 신뢰할 수 있는 사람이며 사람들은 늘 나와의 관계를 좋아한다는 내 마음속 '나'의 이미지는 나를 건강하게 하며 다른 사람에게 긍정적으로 대할 수 있는 바탕이 된다. 물론 이는 자신에게만 완전히 몰두하는 나르시시즘Narcissism과는 다르다.

내가 '나'에 대해 좋은 표상을 가지고 있으면 상대방도 건강하게 자기를 볼 것으로 생각한다. 다른 사람과 관계를 형성할 때 스스로에 대한 건강한 인식을 상대에게 투사하기 때문이다. 내가 만나는 다른 사람에 대해 좋은 표상을 가지고 있으면 그 대상의 진짜 모습에 좀 더 다가갈 수 있다. 상대방을 믿을 수 있고 신뢰할 수 있는 사람이며 나를 긍정적 시각으로 이해할 수 있는 사람이라고 느끼기 때문이다. 좋은 표상을 가지는 것은 내가 마주하는 대상의 긍정성을 쉽게 인식할 수 있고 건강한 관계를 형성할 수 있게 하는 배경이 된다는 점에서 매우 바람직하다고 할 수 있다.

문제는 스스로나 타인에 대해 나쁜 표상을 가지고 있는 경우다. 타인에 대해 나를 존중하지 않을 것이라는 부정적인 표상을 가지고 있을 때 가장 큰 문제는 상대의 반응과 태도를 왜곡해 받아들이게 된다는 점이다. 상대방의 말이나 태도를 나를 싫어하는 것으로, 나를 비판하는 것으로, 심지어 나에 대한 공격으로 인식하는 것이다. 이는 그들에 대한 나의 부정적인 생각을 점점 더 확신으로 변하게 만들고, 나는 그 왜곡된 확신으로 상대에게 반응하게 된다. 그러니 그 관계가 긍정적인 것이 될 리 만무하다. 상대 입장에서는 저 사람이 왜 자신에게 저렇게 삐딱하게 대하는지, 왜 자신에게 화가 나 있는지 도무지 알 수 없다. 자신은 아무것도 하지 않았기 때문이다.

어떤 사람이 약속에 늦었다고 하자. 보통은 차가 막혔거나 길을 못 찾고 헤맸다거나 하는 사정이 있을 거라고 생각한다. 그런데 나쁜 표상을 가진 사람은 그 사람은 언제나 늦는다느니 성의가 없다느니 하는 식으로 상대를 평가하기도 하고, 심지어 나를 우습게 보거나 무시하기 때문에 일부러 그런다는 식으로 상대의 마음을 해석한다. 사실 우리는 그가 늦은 진짜 이유를 알지 못한다. 중요한 건 그것이 사실인지 아닌지보다 그 행위를 내가 어떻게 받아들이냐다.

긍정적 표상은 자신의 존재 자체를 긍정하고 의미 있게 볼 수 있게 해준다. 그래서 다른 사람이 나에 대해 부정적인 평가를 해도 그것 때문에 나 자신에 대한 긍정성이 손상되지 않는다. 상대가 자신을 그렇게 보는 이유가 있을 거라고 생각하며, 상대가 본 내 모습의 어떤 부분이 사실일지라도 그건 '나'라는 존재의 극히 일부분이며 노력해서 바꾸면 되는 것이라고 여긴다. 나에 대한 타인의 비판에 대해 우리는 되도록 이런 태도를 견지해야 한다.

부정적 표상으로 자신을 보는 사람은 다르다. 그들은 자신을 부적절하게 인식하기 때문에 그 부적절함을 상대에게 보여주지 않으려 노력한다. 그리고 다른 사람의 태도, 말투, 표정이 모두 자신의 부적절함을 지적하고 있다고 느낀다. 그들이 이미 '나'의 부적절함을 알아챘고, 그것 때문에 자신을 무시한다고 생각하는 것이다. 나를 무시하고 있다고 생각하는 대상에게 '나'의 반응이 좋게 나올 리가 없다. 그렇게 상대를 향한 부정적인 감정이나 태도가 표현되면, 결국 인간관계는 망가지거나 어렵게 되고 만다. 그들이 진짜로 나를 어떻게 생각하는지는 이 과정에 끼어들 여지가 없다.

싸워야 할 때 침묵하는 나쁜 아빠

아빠들 가운데에도 자신을 부정적 표상으로 바라보는 사람들이 있다. 그들은 자신에 대한 부적절한 인식 때문에 다른 사람의 태도에 예민하고, 대부분의 행동을 자신을 공격하거나 무시하고 멸시하는 것으로 본다. 그런 태도는 주변을 참 힘들게 한다. 특히 배우자는 그것을 고스란히 겪어야 한다. 자신을 무시하고 멸시하는 사람들에 대한 남편의 분노를 수용해야 하고, 그렇지 않음을 설득하려는 노력은 또 다른 오해를 낳는 경우가 많다.

그런데 이 과정에서 가장 큰 상처와 아픔을 받게 되는 대상은 자녀들이다. 배우자인 아내는 자신의 의견을 말하고 때로 싸울 수도 있지만, 아이들은 아빠의 모든 것을 그대로 받아들일 수밖에 없기 때문이다. 아빠가 가지고 있는 부정적인 자기 표상은 아이들에게도 고스란히 적용된다. 아이들의 표정과 말투와 태도가 자신을 나쁜 대상으로 보고 있다고 인식하는 것이다.

아이들은 말이나 행동, 상황에 단순히 반응했을 뿐인데, 아빠는 부정적 자기 표상을 투사하여 아이들이 자신을 싫어하고 무시한다고 느낀다.

그렇게 자신을 무시하는 존재가 내 아이라고 생각하는 순간, 아빠가 느끼는 수치심과 모멸감은 훨씬 더 크다. 그런 감정은 분노로 표출되고, 그 상황에서 아이들은 이런저런 상처와 아픔을 받게 된다. 너희가 먼저 아빠에게 상처를 주었으니 나도 그렇게 할 수밖에 없다는 합리화는 이런 아빠들의 행동을 더욱 강화해주는 배경이 되기도 한다.

전혀 다른 방향으로 그 모멸감과 수치심을 드러내는 아빠도 있다. 이제 스물한 살 된 아들과 중3 딸을 키우고 있는 주현씨가 그랬다. 아들과는 그럭저럭 나름의 관계를 형성하면서 사춘기를 넘겼는데, 딸은 도무지 마음대로 되지 않았다. 딸아이 문제로 부부가 함께 상담실을 찾았는데, 문제의 핵심은 아빠가 아내 편을 들어주지 않는다는 것이었다. 엄마와 딸의 대화 패턴은 보통 이랬다.

"너, 그렇게 하지 말라고 했잖아."

"왜 그래야 하는데?"

"엄마 아빠가 너한테 얼마나 많은 걸 해줬는지 알아?"

"누가 해달래?"

"정말 너 때문에 미치겠다."

"누가 미치라 그랬어? 그냥 신경 꺼. 내 인생 내가 알아서 살 거니까."

엄마와 딸이 이렇게 치열하게 말싸움을 하고 있는데 아빠가 뜬금없이 딸 편을 든다는 것이었다. 그 말을 하며 아내는 너무 억울해 펑펑 울었다. 아이와 관계도 힘든데, 그럴 때 편을 들어주지 않는 남편의 모습이 큰 상처가 된 것이었다.

"이제 그만 좀 해. 도대체 애한테 어떻게 하길래 재가 그래?"

"그냥 해달라는 대로 해줘. 뭘 그런 걸 가지고 애랑 싸워."

"엄마가 돼서 애랑 똑같이 하면 되겠어?"

이런 것들이 딸과 엄마가 싸울 때 아빠가 툭 내뱉는 말들이었다. 그러면 아이는 의기양양해서 나가고, 엄마가 싸워서라도 지키려고 했던 선은 단숨에 무너져버렸다.

그런 이야기를 아내가 하고 있는데, 남편은 먼 산을 쳐다보며 툭툭 딴소리를 했다.

"나라도 애 편을 들어줘야 가출이라도 안 할 거 아냐."

"뭐라고?"

"내가 나중에 확실하게 애한테 한소리하려고 그랬지."

엉엉 울면서 말도 잘 잇지 못하는 아내의 억장이 무너지게 하는 남편의 반응이었다. 남편의 이런 반응 이면에는 남편이 가지고 있는 부정적 자기 표상이 자리 잡고 있었다.

이 아빠의 이야기에서 우리가 눈여겨볼 부분은, 아빠가 침묵한다는 것이다. 나쁜 자기 표상을 가지고 있는 아빠들은 대부분 자기 마음을 있는 그대로 드러내는 철없는 아이들의 이런저런 말이나 행동에 분노로 반응한다. 감추고 싶은 자신의 수치스럽고 부족한 부분을 알고 자신을 무시하고 깔본다고 느끼기 때문이다. 그런데 주현씨는 아무 반응도 하지 않고 침묵했다.

사실 침묵은 주현씨의 어쩔 수 없는 선택이었다. 주현씨에게는 아이들에게 분노할 힘과 용기조차 없었기 때문이다. 그렇게 아무것도 못 하는 자신을 보며 주현씨는 스스로에 대한 부정적 자기 표상을 또다시 강화하는 악순환의 굴레에 빠져들었다.

엄마와 딸이 싸우는 현장에서 아빠가 유일하게 자신의 존재를 드러내는 방법은 아내에게는 큰소리를 치고 딸에게는 난 네 편이라는 무기력한 말 한마디를 던지는 게 전부였다. 그의 부정적 자기 표상의 핵심인 자신의 수치스러운 모습은 아이에게도, 아내에게도 결코 들키면 안 되는 것이기 때문이다.

아내는 남편을 이해할 수 없었고 분노했다. 부부간 대화는 점점 힘들어졌다. 남편은 들키면 안 되는 자신의 어떤 모습들을 숨겨야 하기 때문에 의미 없는 말들만 장황하게 늘어놓기 일쑤였다. 아내도 아이들도, 피하고 숨는 대화에 점점 지쳐만 갔다.

아빠가 바뀌어야 아이가 바뀐다

반려견의 잘못된 행동을 수정하는 텔레비전 프로그램을 본 적이 있다. 개는 온순하다가도 무엇인가 틀어지면 짖어대거나 심지어 주인을 물어버리기도 한다. 그런 개를 변화시키는 반려견 훈련사들의 처방은, 주인을 포함한 자신을 둘러싼 환경에 대한 개의 인식을 변화시키는 것이다. 그리고 그것은 주인이 가지고 있는 자기 개에 대한 그릇된 인식, 즉 개에 대한 표상을 바꾸는 것이 핵심이다. 변화된 주인의 생각은 개의 행동을 변화시켜 문제를 단숨에 해결해버린다. 이때 반려견 훈련사들이 개와 주인이 서로에게 가지고 있는 표상을 설명해주는데, 그것이 우리 인간이 인간에게 가지는 표상과 너무나도 비슷해 혼자 웃었다.

소파에 아무도 못 앉게 하거나 어떤 장소 혹은 특정 대상을 독점하려는 개는 집의 주인이 자신이라고 생각한다. 그러니 자기 뜻을 따르지 않는 주인과 가족은 모두 자신의 적이 되고, 그렇게 분노를 표현했을 때 쩔쩔매는 주인의 모습은 개의 행동을 강화시킨다. 그래서 문제를 해결하기 위해서는 주인이 '진짜 주인'이 되어야 한다. '너는 내가 키우는 반려견이고 나는 너의 주인이다'를 명확히 하고, 그렇게 바꾼 생각에 따라 주인이 행동해야 한다. 시작은 해야 할 것과 하지 말아야 할 것을 구분하는 것부터다. 신기하게도 개는 변화된 주인이 훈련시키면서 제공하는 먹이와 칭찬으로 어느 순간 확연하게 변화하고, 집안에는 평화가 찾아온다. 반려견 훈련사의 마지막 발언이 인상적이었다.

"결국 반려견의 문제는 주인의 문제입니다. 어떤 면에서는 반려견도 피해자라고 할 수 있지요."

개와 사람은 물론 다르지만, 본질적으로 아이들의 잘못된 행동과 태도와 생각과 삶의 기준은 결국 부모의 문제라는 점에서 일맥상통하지 않은가? 아빠가 된다는 것은 사실 아이와 건강한 싸움을 하는 것이다. 아닌 것은 아니라고 하고, 그렇지 않은 것은 넉넉한 울타리를 만들어주어 아이가 자신의 생각에 따라 삶을 선택해나가도록 돕는 것이 그것이다. 아빠는 90점이면 칭찬하고 60점이면 무엇이 그런 결과를 만들었는지 찾도록 독려할 수 있어야 한다. 그게 아빠와 아이의 건강한 싸움이다.

그 싸움을 피하고 도망가는 건 아빠가 스스로 가지고 있는 자신에 대한 부정적 표상 때문이다. 가족 내의 특수한 상황, 경제적인 어려움, 부부간 문제 등 다른 문제들이 있음을 간과하고자 하는 것은 아니다. 그것도 저것도 모두 원인이 될 수 있다.

그러나 주현씨처럼 아빠가 자녀와 건강한 싸움을 하지 못하고 싸움 자체를 회피하고 있다면, 아빠가 내면에 가지고 있는 부정적 표상 때문은 아닌지 합리적 의심을 품어볼 만하다.

아빠가 바뀌어야 아이가 바뀐다. 아빠의 생각이 바뀌고, 그래서 아빠의 행동이 바뀌어야 한다. 그걸 바꾸는 것은 '나'를 긍정적이고 의미 있는 존재로 만드는 것에서부터 출발한다.

주현씨의 상담은 개인 상담과 부부 상담을 병행하는 방식으로 진행되었다. 자신의 내면과 마주하는 힘든 작업을 주현씨는 잘 감당해주었다. 상담을 진행하며 상담사인 나도 아팠고, 남편의 부정적 표상을 마주하는 아내도, 주현씨 본인도 참 많이 아팠다. 무엇보다도 주현씨는 자신의 아픔 때문에 딸아이의 아픔을 마주하지 못하고 그토록 도망 다니기만 했던 자신에 대한 자책에 많이 힘들어했다.

자신의 내면과 마주하는 과정은 사랑하는 내 아이와 마주하며 건강하게 싸울 힘을 얻게 해준다. 그렇게 힘을 얻은 아빠가 아이와 건강하게 맞서 싸워야 아이도 건강하게 그 시간을 지날 수 있다. 아이의 변화는 거기에서부터 시작된다.

마음속 사거리를 빙빙 도는 어린아이

우리는 매일의 삶에서 '무의식'이라는 단어를 많이 듣고 사용한다. 아마 대화에서 가장 많이 쓰는 용례는 "무의식적으로 그랬어"일 것이다.

"아니, 너 왜 그랬어?"
"무의식적으로 그랬어."

그런데 프로이트가 이야기하는 무의식의 개념은 좀 다른 차원의 뜻을 내포하고 있다.

외로움을 많이 타는 사람이라고 스스로를 정의하는 영수씨는 여덟 살 딸과 여섯 살 아들에게 정말 좋은 아빠다. 그런데 영수씨에게 가장 힘든 건 좋은 아빠가 되는 것이다. 때로는 이런 저런 핑계로 아이들과 함께하는 것을 피하고, 때론 엉뚱한 행동으로 아내와 아이들을 당황하게 한다.

예를 들어 밤 9시쯤 장난감을 가지고 잘 놀고 있는 아이들에게 어떤 영화를 같이 봐야 한다고 우기거나, 별것 아닌 일에 과하게 아이를 야단치는 것이다. 교훈적인 영화를 함께 보는 건 나름의 의미가 있기는 하지만, 늦은 밤에 여덟 살, 여섯 살 아이들이 감당해내기는 어려운 일이다. 금세 잠에 빠져드는 아이들 사이에서 영수씨는 묵묵히 그 영화를 끝까지 본다. 별것 아닌 일에 갑자기 화를 내는 날이면, 아이들은 그날만큼은 아빠를 멀리하고 눈치를 본다. 그런 남편을 보는 아내의 마음도 편할 리 없다.

좋은 분이었어요 vs 좋은 분이어야만 해요

영수씨와의 상담은 쉽지 않았다. 불명확한 이야기를 장황하게 늘어놓고, 그게 무슨 의미냐고 물으면 다른 이야기를 불쑥 꺼내곤 했다. 이를테면 이런 식이었다.

"제가 어딘가 갔는데, 거기에서 정말 멋진 사람들을 만났어요. 그 사람들은 자신의 삶을 정말 의미 있게 만들어가는 것처럼 보였고, 부러웠어요. 그런데 그런 사람들을 보는 건 한편으로는 되게 슬퍼요."

"부러움과 슬픔은 어떻게 연관되는 감정일까요?"

"너무 부러웠는데요. 그게 참 서글펐어요."

영수씨는 늘 뜬구름 잡는 이야기로 자기 삶의 이야기를 끌고 가곤 했다. 그렇게 여러 이야기가 조금씩 하나의 주제로 묶이면서 가장 먼저 드러난 것은 너무나도 좋으신 자신의 아버지와 어머니였다. 하지만 영수씨의 속내는 자신의 아버지와 어머니를 좋은 아버지와 좋은 어머니로 만들려는 끝없는 노력이었다. "우리 아버지와 어머니는 정말 좋은 분이셨어요"가 아니라, "우리 아버지와 어머니는 정말 좋은 분이셔야만 해요"라고 이야기하는 느낌이라고 할까.

영수씨의 어머니와 아버지는 늘 다투셨다. 그리고 아무도 영수씨 옆에 계시지 않을 때가 많았다. 경제적으로도 무척 힘들었다. 결국 영수씨가 초등학교에 입학할 즈음 아버지는 다른 분과 살림을 차렸고 어머니는 홀로 영수씨를 키우며 살았다. "무척 좋은 분들이셨고, 자식 앞에서는 싸우지 않으려 노력하셨어요"라는 영수씨의 말은 사실이 아니었다. 영수씨의 간절한 바람이었다. 실제로 두 분은 자신들의 삶의 불편함을 아이에게 모두 드러내면서 살았다. 영수씨는 그 모든 싸움의 과정에 고스란히 노출되어 있었다. 외면당하고 방치되었다. 그는 늘 저녁이 되면 아이를 집으로 데리고 들어가고, 무슨 일이 있으면 옆에 있어주는 부모를 갈망하며 살았다. 그러나 홀로 아이를 키워야 했던 어머니는 늘 야근을 했고, 영수씨는 학교가 끝나면 아무도 없는 집에 들어와 혼자 저녁 시간을 보내곤 했다.

상담을 네 번쯤 진행했을 때였다. 생각나는 어릴 적 이야기를 해보라는 물음에 잠깐 생각하던 영수씨는 정말 중요하고 소중한 자신의 이야기를 드디어 꺼냈다. 그런데 그 이야기는 영수씨가 단 한 번도 기억하지 않았던 이야기였다. 당연히 다른 사람에게도 한 번도 한 적 없는 이야기였다. 그 기억이 문득 상담의 자리에서 떠오른 것이었다. 그 아득한 기억은 영수씨가 자신도 모르게 무의식 깊숙이 숨겨놓은 이야기였다. 그것은 영수씨가 자신의 현재에 진심으로 마주하게 된 정말 중요한 시작점이 되었다. 몇 회기를 지내며 들었던 영수씨의 장황한 이야기는 사실 마주하고 싶지 않은 영수씨 내면의 어떤 것에 관한 소리 없는 아우성이었을지 모른다.

때로 어린 시절에 관한 이야기는 자신이 스스로 만들어낸 가짜 이야기이지 그 자체가 사실일 수는 없다고 주장하는 사람들을 만나기도 한다. 이들에게 어릴 적 이야기란 자신이 원하는 대로 편집하여 자신을 위한 합리화의 도구로 쓰거나, 다른 사람에게 자신을 자랑삼아 드러내고자 하는 목적으로 사용되는 것이다.

나도 이런 주장에 일정 부분 동의한다. 그러나 상담의 현장에서 나는 늘 내담자의 이야기 속에 숨은 깊은 진실을 마주한다. 그가 들려주는 어릴 적 이야기의 '역사적 팩트'를 확인할 방법은 없다. 중요한 건 그걸 그렇게 기억하고 그렇게 표현하는, 지금 나와 마주앉은 내담자의 진실이다. 나는 상담사로서 늘 그 진실을 소중히 여긴다.

외로운 내면아이를 들여다보기

영수씨가 문득 떠올린 이야기는 그가 초등학교 3학년 즈음의 이야기였다. 당시 식당에서 일하셨던 영수씨의 어머니는 밤 10시가 넘어야 퇴근하셨다. 그나마 초등학교 1학년 때는 외할머니가 가까운 곳에 살고 계셨지만 이사한 후에는 그야말로 집에는 아무도 없었다. 혼자 집에 있는 게 싫었던 영수씨는 책가

방을 방에 던져놓고는 밖으로 나가곤 했다. 운이 좋아 친구를 만나면 저녁때까지 그럭저럭 놀 수 있었지만, 그렇지 않으면 늘 혼자 그저 여기저기를 돌아다녔다. "마치 어디 갈 데가 있는 것처럼, 그렇게 바쁘게 걸어다녔어요"라는 영수씨 표현에 나는 마음이 아파 살짝 눈물이 났다.

평생 처음으로 생각해낸 기억이지만, 영수씨는 그 사거리가 어딘지 너무나도 선명하게 떠올릴 수 있었다. 4차선과 6차선 도로가 마주하는 그 사거리는 영수씨 기억에 무척 컸고, 정말 많은 차들이 다니는 곳이었다. 따뜻한 4월의 오후, 영수씨는 초록색 불이 켜지면 횡단보도를 건너 잠시 기다렸다가 다른 편 초록 불이 들어오면 횡단보도를 건너고, 또 초록색 불이 켜지면 다음 횡단보도를 건너고, 그래서 네 번 신호를 받아 횡단보도를 건너면 처음 자리로 돌아오는 놀이를 했다. 그렇게 그 사거리 횡단보도를 하염없이 건너고 또 건넜다. 아무도 알아주지 않고 관심 주지 않았지만, 영수씨는 어딘가 가야 하는 것처럼 바쁘게 길을 건넜다. 늘 혼자였던 초등학교 3학년 아이의 놀이였다.

그는 그 이야기를 아무 감정 없이 담담하게 꺼내놓았다. 그리고 그렇게 담담히 그 이야기를 하는 영수씨를 바라보며 상담사인 나는 울어버리고 말았다. 햇살 따뜻한 날, 많은 차들이 쌩

쨍거리며 다니는 사거리를 혼자 맴돌고 있는 초등학교 3학년 남자아이가 너무도 외롭고 힘든 아이로 느껴졌다. 더구나 그 아이는 사람들이 자신이 혼자이고 아무것도 할 일 없는 아이라는 것을 알아보지 못하도록 빠르게 걸었다. 그 안에 가득한 아이의 무기력과 슬픔과 외로움이 너무나도 절절하게 다가왔다. 나는 진심으로 그 외로운 아이가 너무 안타까웠고 슬펐다.

영수씨는 울음을 입에 꾹 물고 눈물을 떨구는 상담사를 덤덤히 쳐다보았다. 나는 눈물을 흘리며 그 아이가 너무 안타깝고, 그래서 내 마음이 아프다고 이야기해주었다.

"왜 그러세요? 뭐가 그렇게 마음이 아프신데요?"

"그 아이가 너무 외롭잖아요."

내 말에 담담히 무엇인가 말하려던 영수씨의 입이 갑자기 다물어지고 침묵이 흘렀다. 나는 침묵 속에 영수씨의 내면에 일어나는 변화를 볼 수 있었다. 영수씨가 그 아이를 보기 시작했고 느끼기 시작한 것이었다. 바로 자기 자신, 그렇게 홀로 외로운 시간을 수없이 견뎌내었을 자신의 모습을 말이다.

그 회기는 영수씨가 자신의 외로움과 처음으로 마주한 날이었다. 영수씨는 홀로 있었던 그 외로움의 시간을 모두 무의식

안으로 밀어넣고 꾹꾹 눌러 그것이 밖으로 나오지 않도록 치열하게 싸우고 있었다. 그는 외로움이 너무 힘들었고, 너무 아팠고, 그래서 그 외로움을 마주하는 것이 너무 두려웠다. 그건 결코 넘을 수 없을 것 같은, 고통스럽고 힘든 거대한 산이었다. 영수씨는 결코 그 감정과 마주하고 싶지 않았다. 그래서 치열하게 외로움이라는 감정을 외면하며 살아왔다.

그는 자신이 외롭다는 생각을 단 한 번도 해보지 않았다. 외롭지 않아서가 아니었다. 그건 의지적인 싸움이 아니라 무의식이라는 저 깊은 내면의 싸움이었다. 그의 무의식은 외로움이라는 단어와 마주하는 자신을 철저히 차단하고, 외로움 따위는 모르는 사람으로 자신을 만들었다. 그리고 외로움은 자신뿐만 아니라 사랑하는 아내와 아이들도 마주하면 안 되는 것이었다.

그런 무의식의 막강한 영향력은 영수씨에게 다양한 삶의 모습으로 나타났다. 모든 사람에게 좋은 사람이 되는 건 가장 쉽게 생각할 수 있는 방법이었다. 혼자 되는 것에 대한 두려움은 사람으로 하여금 '거절하지 못하게' 만든다. 그는 이것도 좋고, 저것도 자신이 다 하고, 힘들어도 힘들다는 말 한마디 못하는 사람이었다. 그는 사람들과 함께하는 시간에 진심이었다. 사람들의 행동과 태도에 최대한 맞춰주고, 마지막까지 남아주는 한 사람이 바로 그였다. 인간관계는 좋았지만, 혼자서는 너무도 힘들었다. 밤늦게 홀로 집으로 가는 길은 그가 늘 피하고 싶은 것이었다.

자신을 둘러싸고 있는 사람들에게 늘 좋은 사람이 되어주었던 행동과 태도와 마음은 사실은 영수씨 마음속 깊은 곳으로부터 그들을 향해 외치는 영수씨의 절박한 외침이었다.

'내가 너에게 하는 것처럼 너도 나에게 해줘!'

자신이 내는 그 간절한 소리를 영수씨 스스로도 듣지 못했고, 다른 사람들은 상상도 할 수 없었다.

"내가 다른 약속이 있어서 오늘은 좀 일찍 갈게."

"미안해. 오늘 누가 갑자기 찾아와서 못 만날 것 같아."

"에이, 그건 그냥 다음에 하자. 오늘은 좀 그래."

"아니야. 됐어. 고마워. 근데 난 그건 안 할래."

그들에게는 너무나 당연한 의사표시였고, 영수씨는 그 이야기를 들으며 늘 쿨하게 대답했다.

"그래. 당연히 그래야지."

쿨하지 않으면 자신이 더 초라해지고 추해지기 때문에 드러나는 무의식적 반응이었다. 정말 아무렇지 않은 건 당연히 아니었다. 섭섭했고, 허전했다. 그래서 영수씨는 갑자기 남아버린 그 시간들을 홀로 '마음의 사거리를 돌고 또 돌며' 그렇게 보냈다.

그냥 아빠가 되는 연습

그런 영수씨에게 좋은 아빠란 아이들에게 좋은 아빠가 아니라 자신이 만들어놓은 '좋은 아빠의 기준을 충족시키는 아빠'여야 했다. 자식을 외롭지 않게 만들어주는 아빠, 이제껏 자신이 마음속으로 간절히 요구했었던 것들을 모두 채워줄 수 있는 아빠, 엄마와 헤어져 다른 사람과 사는 일 따위는 절대 안 하는 아빠, 집에서 늘 자신을 기다려주는 아빠, 아득하고 두렵기만 하던 삶의 매일매일에 명확하고 분명한 답을 주는 아빠가 바로 그것이었다. 그 좋은 아빠가 되기 위해 영수씨는 아내를 닦달하고, 아이들과 관련된 모든 일에 세심하게 관여하려 했으며, 도덕적이고 교훈적인 것을 아이들에게 가르치려 했다. 그래야 아이들이 자신과 같은 외로움과 아픔과 상처를 겪지 않을 테니 말이다.

좋은 아빠는 참 좋다. 정말 그렇다. 그런데 좋은 아빠지만 힘든 아빠도 있다. 절대로 나쁜 아빠가 아닌데도 말이다. 그러면 아빠도 힘들고 아이도 힘들고 아내도 힘들다. 이런 표현이 맞을지 모르겠지만, '정말, 진짜, 대박, 완전 좋은 아빠'가 되지 못한다면, 좋은 아빠가 아니라 '그냥 아빠'가 더 낫다. 쉬는 날 집에 있고, 재미있는 일에 함께 웃고, 아이들이 잘못하면 그러려니 하다가도 생각나면 일장연설을 하기도 하고, 아이가 성적이 낮으면 걱정스러워 잔소리 한번 하는, 그냥 그런 아빠.

영수씨는 자신의 외로움과 마주하며 '좋은'이 아니라 '그냥'으로 여러 관계의 기준을 바꾸는 시도를 했다. 그깟 외로움도 마주해보면 별거 아닐 수 있는데, 마치 그것이 엄청난 것인 것처럼 눈도 마주쳐보지 못하고 생각만 해도 벌벌 떨었던 게 아닌지. 그게 아니기 위해 수없이 추구했던 '좋은'이, 사실은 도달할 수 없는 삶의 허상이었던 것은 아닌지. 그의 그런 마음의 변화는 '그냥'을 마음 편히 받아들여 자신의 삶을 살아갈 수 있는 시작점이 되었다. 내 주변 사람들에게, 나를 홀로 키워주신 어머니에게, 사랑하는 내 아이들과 아내에게 '좋은'이 아니라 '그냥'으로 사는 것 말이다.

30년 넘게 살아온 삶의 습관과 태도가 그렇게 쉽게 바뀌지는 않을 것이다. 그러나 모르는 것과 아는 것은 하늘과 땅 차이다. 상담을 마무리하고 돌아가는 영수씨의 어깨가 그래도 훨씬 가벼워 보인다.

Part 2.

그랬어야 했는데, 혹은 그러지 말았어야 했는데

처음이라 서툰
아빠의 솔직한 반성문

다 너를 위해서야

올블랙. 블랙 티셔츠에 블랙 진, 블랙 캡까지. 헌병처럼 모자의 챙을 푹 내려쓴 채로 나를 쳐다보고 있는, 막 제대한 스물여섯 살 대학생을 마주하는 것은 상담사로서도 좀 만만하지 않은 일이었다. 지용씨는 수강하고 있는 과목에서 교수가 내준 과제 때문에 나를 찾아온 학생이었다. 과제는 상담센터에서 5회 이상 상담받은 후 보고서를 제출하는 것이었다. 지용씨는 혹시 자기 이야기를 하게 되더라도 비밀이 보장될 수 있으리라는 생각에 학교에서는 멀지만 자기 집에서 가까운 상담센터를 선택했다.

"자, 무슨 이야기를 해야 하나요? 어린 시절 엄마한테 상처

받은 이야기, 뭐 그런 거 해야 하나요?"

과제를 제출하기 위해 찾아온 학생을 상담하는 것은 시작부터가 무척 힘들다. 3학점짜리 교양과목을 이수하기 위해 찾아온 이들은 애당초 상담을 원하거나 필요하다고 생각하지 않기 때문이다. 이런 태도는 상담사를 곤혹스럽게 한다.

그렇지만 아무리 강해 보여도 사람의 저 깊은 곳에는 드러내지 않으려 힘써 노력하는 자신의 지독한 약함이 웅크리고 있는 법. 이런저런 이야기로 시작된 상담은 3회기를 넘겼고, 지용씨는 스스로 만들어둔 경계의 벽을 서서히 누그러뜨리기 시작했다. 자신의 약함이 드러나도 괜찮다고 안심할 수 있을 만큼 상담사와의 신뢰가 형성되면, 아무에게도 하지 못했던 이야기들이 조금씩 시작된다.

이게 얼마짜리인 줄 알아!

지용씨에게 어떤 문제가 있는 것은 아니었다. 내게도 굳이 지용씨에게 어떤 문제를 찾아 '이게 너야. 이게 네 문제야'라고 굳이 지적하려는 조급함은 없었다. 그런 상담사의 마음 자세를 내담자도 느낀다. 상담을 진행하며 난 언제나처럼 서로 말하지 않아도 교감하는 많은 것들이 있다는 점에 새삼 놀랐다. 그리고 그것은 지용씨가 편하게 자신을 열어 보일 수 있는 나름의 역할을 했다.

지용씨 부모님은 집 바로 옆에서 작은 세탁소를 운영하셨다. 그래서 지용씨는 늘 부모의 철저한 통제하에 자랐다. 지용씨 부모님은 아들에게 정말 관심이 많았고, 그 관심은 아들을 힘들게 했다. 물론 부모의 관심이 아이에게 더 많은 안전감을 느끼게 했을 수도 있다. 문제는 그 관심이 표현되는 방식이었다.

지용씨의 아버지는 아들을 소유하려 하면서 그 욕심을 냉담함으로 표출하는 사람이었다. 차가운 아버지의 표정은 지용씨에게 '지금 네가 하려고 하는 그걸 하지 마'라는 명백한 신호였다. 아버지는 말이 아니라 '표정'으로 아들의 행동을 통제했고, 어릴 적 지용씨는 그 신호를 알아채지 못해 된통 날벼락을 맞곤 했다.

차가운 아버지와 그 아버지 옆에 그저 서 있기만 하셨던 어머니는 아이의 욕구를 알아채고 반응하기보다는 자신들이 생각하는 아이의 필요를 채워주는 데 더 신경을 썼다. 물론 다른 어떤 장사가 그렇지 않겠는가마는, 세탁소를 운영하는 데는 찾아오는 손님의 한마디 한마디를 정확하게 알아듣고 그 이면에 있는 의도까지 눈치채야 하는 능력이 필요했다. 예를 들어 옷을 가지고 와서 수선을 요청하는 손님이 슬쩍 다른 부분도 같이 수선해달라고 하는 경우를 생각해보자. 그걸 공짜로 해줄지, 잽싸게 계산해서 추가비용을 이야기할지 순간적으로 결정해야 한다.

나는 세탁소 운영이라는 직업을 생각해본 적이 없었기에 지용씨를 통해 그런 사실을 처음 알았다. 그렇게 민감하게 사람의 필요를 알아채시는 부모님이 지용씨에게는 꽤나 긍정적인 역할을 하지 않았을까 싶었다.

그런데 결과는 정반대였다.

부모님은 아이의 욕구는 알아채지 못했다. 아니, 사실은 늘 아이의 욕구를 넘어 당신들이 생각하는 필요를 아이에게 제공했다. 아이는 늘 예상치 못한 이야기를 듣고, 예상치 못하게 야단을 맞았다. 예상치 못한 선물을 받았고, 그 선물에 왜 감사해야 하는지 알지 못했다. 자신이 원하고 바랐던 게 아니었기 때문이다. 너무나도 빨리 사람의 마음을 알아채던 아버지는 아이보다 훨씬 많은 것을 생각하고 훨씬 앞서가서 거기에 필요한 것을 제공했다. 아이는 도대체 왜 이걸 나에게 주는지 이해하지 못하고 그저 고개를 숙여 받곤 했다. 중학생, 고등학생이 될 때까지 그러한 과정은 계속 반복되었다.

그렇게 자라면서 아이는 자신의 마음을 드러내지 못했다. 가장 중요한 이유는 아버지가 물어보지 않았다는 것이다. '그거 아닌데요', '난 그건 싫어요', '전 저게 좋아요'라고 말할 기회가 애당초 주어지지 않았다. 말하기 전에 이미 주어졌으니, 그렇게 끝난 일에 대해 그게 아니었다고 말할 수도 없었다.

더 힘들었던 건, 그런 상황에 뜨악하게 표정을 지으면 아버지가 분노한다는 것이다. 아버지는 '이 모든 게 다 널 위한 건데', '이게 얼마나 비싼 건데', '이게 얼마나 힘들게 구한 건데'라는 말로 시작하여 '넌 도대체 표정이 왜 그러냐'는 비난과 분노를 쏟아냈다.

그런 아버지의 모습은 지용씨의 입을 더 다물게 했다. 대화는 점점 어려워졌고, 그런 아들에게 아버지는 더욱 공격적이고 폭력적인 모습을 보였다. 어머니는 그저 옆에 계실 뿐이었다. 사실 세탁소의 모든 잔일을 어머니가 하셨기에 아이와 아버지를 중재하거나 아이에게 더 많은 신경을 쓸 여력도 없었다.

아이는 5만 원짜리 스니커즈를 원했다. 아버지는 20만 원이 넘는 유명 브랜드 운동화를 사 가지고 왔다. 아이의 표정은 썩 좋지 않았고, 아버지는 화를 냈다.

"이게 얼마짜리인 줄 알아!!"

그걸 신어야만 하는 아이도, 아이를 위해 큰맘 먹고 거금을 쓴 아버지도 서로 불편했다. 지용씨가 중학생 때 일이었다. 고등학생이 되면서 지용씨는 자신이 원하는 무엇도 말하거나 내색하지 않았다. 그런 지용씨에게 아버지는 더 화를 내고, 다그치고, 자신이 원하는 것을 강요했다. 그리고 대학을 선택해야 하는 시점에 둘의 관계는 완전히 어그러졌다.

아버지는 지금껏 그래왔듯 당연하다는 태도로 한 대학을 말했다. 지용씨는 아버지가 선택한 대학이어서 그 대학이 싫었다. 아버지의 강력한 뜻에 지용씨는 삼수까지 했고, 결국 아버지에게 복수하듯 지방에 있는 다른 대학으로 미련 없이 가버렸다. 어머니는 그 과정에서 힘들어하셨지만, 중간에서 어떤 역할을 하지는 못했다. 지용씨는 어머니의 마음을 이해했다.

지용씨는 드디어 집을 떠났다. 아니, 아버지를 떠났다고 하는 표현이 더 정확하리라. 그렇지만 지용씨의 마음 한켠에는 아버지에 대한 한없는 죄책감이 있었다. 그 죄책감을 덜고자 그나마 한 달에 한 번 정도 아버지와 통화하고 있지만, 무뚝뚝한 몇 마디로 그 통화는 끝나버리곤 했다. 대화가 없으니 회복은 불가능했다. 지용씨와 아버지는 떨어져 살고 있었지만 사실 떨어져 있는 것이 아니었다. 아버지는 죄책감으로, 분노로, 연민으로 늘 지용씨 마음 가득 자리 잡고 있었고, 어느 날 상담의 자리에서 문득 느껴진 그 아버지에 대한 복잡한 감정에 지용씨는 참 많이 울었다.

네 잘못이 아니야

상담을 가르치며 늘 좋은 회복의 사례로 공유하는 영화가 있다. 바로 1997년 개봉한 영화 〈굿 윌 헌팅Good Will Hunting〉이다. 심각한 마음의 상처를 지니고 살아가는 윌 헌팅과 이를 치료하는 상담사 숀 맥과이어의 이야기다. 기나긴 상담의 과정을 거쳐 "네 잘못이 아니야It's not your fault"라는 숀의 말을 드디어 마음 깊이 받아들이고 펑펑 울어버리는 윌을 숀이 안아주는 장면은 먹먹한 감동을 자아낸다.

태어날 때부터 부모로부터 버림받은 윌은 세 번이나 양부모로부터 파양되는 아픔을 겪으며 폭력적이고 오만하며 독선적인 사람으로 자라났다. 수학 천재였던 그는 자신의 천재성으로 MIT의 저명한 수학 교수가 아무도 풀지 못할 거라고 학생들에게 낸 문제를 풀어버리기도 하고, 하버드 주변에서 맥주를 마시다가 학생들과 논쟁을 벌여 그들의 코를 납작하게 만들고, 그들과 폭력적인 싸움도 마다하지 않는다. 그리고 처키라는 유일한 친구 외에는 누구와도 의미 있는 관계를 맺지 못한다.

그런 그가 상담을 시작하며 점점 숀에게 마음을 열고 자신의 이야기를 하는 장면이 있다. 알코올 중독자인 아버지에게 어머니와 동생을 보호하기 위해 자신이 먼저 덤비곤 했었다는 숀의 이야기에, 윌은 자신이 양아버지에게 당했던 어린 시절의 아픈 이야기를 담담하게 꺼낸다.

"그 남자는 늘 탁자에 렌치와 막대기와 혁대를 늘어놓고는 선택하라고 했었죠."

"나 같으면 혁대를 선택하겠다."

"전 렌치를 선택했어요. 할 때까지 해보란 심정이었죠."

차라리 날 죽이라는 분노와 체념은 어쩌면 윌에게 평생 스스로 자기 삶을 망쳐버릴 중요한 도구가 되었을 것이다. 내가 잘못해서 부모로부터 버림받은 것이 아니라는 '합리적이고 논리적인' 설득은 사실 당사자에게는 아무런 위로가 되지 않는다. 그의 마음 깊은 곳에는 결국 그건 내가 그럴 만한 존재이기 때문이라는 왜곡된 확신이 너무나도 단단하게 자리 잡고 있었기 때문이다.

그 단단한 마음의 벽을 깨뜨리고 들어간 한마디가 바로 '네 잘못이 아니'라는 말이었다. 사실 처음 그 말을 듣고 윌은 픽 웃으며 나도 알고 있다고 대답한다. 그냥 그렇게 넘어가자는 의도였다. 사람들은 윌이 스스로 명확히 선을 그어놓은 바로 그곳까지만 접근할 수 있었다. 윌은 모든 공격을 자신의 천재적인 지적 능력을 통해 다양한 논리와 장황한 이야기로 철저히 방어했다. 숀은 바로 그 선을 넘어 기어이 그의 마음속 깊은 곳에 있는 왜곡된 확신을 깨뜨렸다.

부모가 생각하는 아이의 필요 vs 아이의 진짜 필요

폭력을 휘두르는 윌의 부모와, 아이를 소중히 여겨 그 필요를 철저히 채워주려 했던 지용씨의 아버지를 감히 비교할 수는 없다. 내가 이렇듯 억지를 부리며 이 글을 쓰는 이유는 이렇다.

렌치와 막대기와 혁띠를 제시하는 윌의 양아버지와, 늘 아이의 삶에 선택할 정답을 제시하는 지용씨 아버지의 태도는 아이에 대한 심리적 폭력이라는 점에서 궤를 같이한다. 내가 생각하는 아이의 필요를 일방적으로 강요하는 것이기 때문이다. 아이에게는 아무런 선택의 기회가 없다는 점에서, 그리고 결국 그 아이의 반응은 불신과 분노로 귀결된다는 점에서, 그래서 월에게 그 양부도, 지용씨에게 아버지도 결과적으로는 배척당하고 부정되는 존재가 된다는 점에서 그렇다.

사랑이 제대로 표현되지 않으면 폭력이 되기도 한다. 어쩌면 받아들이기 쉽지 않은, 조금은 극단적인 이야기일 것이다. 모두가 그런 것은 아닌 것도 맞다. 그러나 그 폭력으로 청소년기를 견디며 대학생으로, 직장인으로 자라난 사람들을 가끔 만난다. 아버지의 그 지독한 사랑은 그들에게는 거북하고 불쾌하다. 기억하고 싶지 않은 상처와 아픔만이 떠오를 뿐이다. 그들에게 사랑받은 경험이란, 눈치 보고 피해야 했던 수많은 시간으로만 기억된다. 그들은 사랑하지도 못하고 사랑받지도 못한다. 그들에게 사랑은 TV 속 드라마에 등장하는 이론이고 논문일 뿐이다. 누군가 사랑에 대해 물어보면, 다양한 이론과 사례를 줄줄이 꿰고 어설프게 자기만의 개똥철학을 설파한다. 그러나 그들은 근본적으로 사랑에 냉담하다.

지용씨도 그랬다. 군대를 제대한 스물여섯 살 청년이 단 한 번의 연애도 해보지 않았다. 따뜻한 이성의 사랑을 바랐지만 어떻게 그것을 얻어야 하는지, 어떻게 맘에 드는 이성에게 손을 내밀어야 하는지 그는 정말 몰랐다. 이론은 이론일 뿐 사랑은 현장에서 체험하고 경험하며 얻어야 하는 것임에도, 그 소중한 과정이 지용씨에게는 없었다.

지용씨와의 상담은 5회를 더 연장해 10회기로 마무리되었다. 지용씨가 사람을 사랑하고 사람에게 사랑받게끔 마음을 열 힘을 조금씩이나마 얻을 수 있도록, 아버지와 아주 작은 선을 연결할 수 있도록, 그나마 그렇게 자기 삶을 이전과는 조금 다르게 살아갈 수 있도록 돕는 것이 부족한 상담사가 도울 수 있는 최선이었다.

우리 중에 누가 윌의 양부와 같은 사람이 있겠는가. 당연히 아무도 없을 것이다. 그러나 아이의 필요라 생각하는 여러 가지 선택지를 아이 앞에 들이밀며, 그래서 자신의 소중한 사랑을 불신과 분노로 느끼게 하는 아빠들이 혹시 있지는 않을까.

요즘의 아빠는 결코 통제하고 지시하고 명령하는 존재는 아닐 것이다. 세상은 아버지가 아니라 아빠의 시대로 점점 변하고 있으니까 말이다. 그런데 아이로 하여금 무엇인가를 선택하도록 하는 그 소중한 소통의 자리에, 혹시라도 이미 결정된 정답을 마치 세금 고지서처럼 들이밀어 아이로 하여금 '그냥 그렇게 해야 하는 거구나'라고 생각하게 하는 일이 있는 건 아닌지 생각해보았으면 한다. 그건 절대로 아빠의 책임이고, 그렇게 하지 않아야 하는 건 아빠의 의무이지 않을까.

아이는 가르치지 않아도 배운다

어느 날 온 가족이 함께 차를 타고 어디론가 가고 있을 때였다. 그날은 평소와 달리 아내가 뒷자리에 앉고, 초등학생 아이가 조수석에 타고 있었다. 이런저런 이야기를 하며 가는데, 갑자기 아이가 이렇게 외치는 거였다.

"아빠, 아빠! 저 차가 끼어들려고 하잖아! 빨리 막아!"

맞는 말이긴 했다. 그런데 사실은 맞는 말이 아니었다. 아직은 운전과 전혀 상관없는 나이인 아이가 그걸 알 필요는 없으니까 말이다. 도대체 운전도 안 하는 아이가 벌써 운전에 대한 스트레스를 받다니. 아이는 도대체 어디에서 이런 걸 배웠을까.

아이에게 무엇을 가르칠 것인가는 아빠인 내게 언제나 중요한 주제였다. 그런데 '무엇을 가르칠 것인가'만큼 중요한 것이 바로 '언제 가르칠 것인가'다.

옛날 내가 학교에 다닐 때는 초등학교 때는 '산수'를, 중학교에 가면 '수학'을 배웠다. 아이가 초등학교에 입학해서 교과서를 받아 왔는데, 표지에 산수가 아니라 수학이라고 써 있어 살짝 놀랐던 기억이 난다.

이미 영어 유치원에 아이들을 보내고 초등학교 이전에 골프와 피아노를 시작해야 늦지 않는다는 이야기를 듣는 세상이니, 산수가 수학이 된 것 정도는 아무것도 아닐 것이다. 나는 영어 유치원이니 골프니 피아노에는 딱히 관심이 없다. 물론 돈도 많이 들고, 시작하면 끝을 보아야 하는데 그럴 자신도 없다. 피아노 학원과 영어 학원에는 보냈지만, 아이가 피아노에는 영 관심이 없어 오래 하지 못했고, 영어는 가성비 좋다는 동네 학원에 꽤 오래 보내긴 했다.

영어 학원 선생님이 아이가 단어가 너무 부족하니 집에서 신경 좀 써달라고 몇 번 연락이 왔다기에 그런 걸로 아이에게 스트레스 주고 싶지 않다는 만용도 부렸다. 정말 그때는 진심으로 아이가 공부 때문에 너무 큰 스트레스를 받는 것을 원하지 않았다. 그러나 중학교에 올라가 처음 중간고사를 치른 후 아이와 아이 엄마 둘 다 '현타'를 세게 맞았다.

어쨌든 그렇게 아이에게 무엇을 가르칠지 나름대로 고민하고 아이의 나이에 맞게 적절하게 가르치려 노력했던 내가 간과한 것이 하나 있었다. 바로 아이가 알아서 스스로 배우는 것이 무척 많았다는 점이다. 아이는 학교를 다니며 친구들과 노는 법을 배우고, 싸우고, 화해하는 법을 조금씩 익혀나갔다. 무슨 말을 하면 엄마가 좋아하는지를 스스로 터득했고, 자기가 원하는 것을 얻기 위해 부모에게 어떻게 해야 하는지를 알아갔다. 할머니와 엄마를 대하는 방법을 달리하는 방법도, 아빠와 엄마 사이에서 적절히 줄타기를 하는 방법도 알게 되었다.

때론 괘씸하기도 했고, 그런 줄타기가 도를 넘는 것 같을 때에는 야단도 쳤다. 하지만 만약 아이가 자라면서 스스로 배우는 것이 없다면, 그래서 모든 것을 아빠가 가르쳐야 했다면 어땠을까 생각해보면 끔찍하다. 굳이 가르치지 않아도 나름대로 이런저런 경험을 통해 스스로 터득하고 행동하고 실천하는 하루하루를 사는 것은 아이의 성장에 절대적이라 할 만큼 중요하다. 물론 그것이 부모에게 뻔한 거짓말을 당당히 하고, 엉뚱한 곳에서 시간을 보내거나 하는 것이기만 하면 곤란하겠지만 말이다.

그런데 내가 아이와의 관계에서 깨달은 결론은, 때로는 빤히 보이는 거짓말에 속아주기도 해야 한다는 것이고, 친구들과의 모든 시간을 내가 통제할 필요도, 통제할 수도 없다는 것이다. 그걸 아이도 알고 아빠도 안다. 그렇기에 서로 적절한 수용의 영역을 마음속에 가지고 있다가 그 영역을 넘지 않는다면 서로를 위해 넉넉한 마음의 공간을 만들어놓아야 한다.

친구들과 관계가 어려울 때마다 아빠에게 어떻게 해야 하냐고 묻는다면, 선생님과의 이런저런 문제에 모두 아빠가 답을 주어야 한다면, 외할머니가 몰래 쥐어준 만 원을 어떻게 써야 하는지, 이성친구의 행동이나 말에 어떻게 대응해야 하는지 아빠에게 묻는다면 도대체 어떻게 가르쳐야 하는가? 더욱이 블랙박스나 cctv로 모든 상황을 볼 수 있는 것도 아닌데 말이다. 설령 그게 가능하다 한들 그걸 다 보고 듣고 확인하고 아이의 물음에 답을 줄 수 있겠는가? 아이의 모든 생활에 하나하나 관여한다는 것 자체가 불가능하다는 이야기다. 친구와의 관계 안에서 느끼고 경험하는 모든 세세한 과정들은 스스로 겪으며 감당해야 한다.

그런데 아빠가 운전하는 자동차 조수석에서 끼어들기를 시도하는 차를 보고 소리친 아이의 말은 그렇지 않았다. 그건 스스로 배운 게 아니고, 아빠한테 배운 것이었다.

늘 끼어드는 차들을 못마땅해하는 아빠는 아이가 차에 함께 타고 있으며 그 아이는 아빠의 생각과 행동과 '삶'을 배운다는 것을 까맣게 잊고 있었다. 아빠인 나는 과도하게 끼어들기를 하려는 차들을 막고, 저 나쁜 놈이 새치기를 하려 한다고 짜증을 냈고, 기어이 끼어든 차를 향해 빵빵거리며 분노를 표출하기도 했었다.

그건 내게 그냥 운전하며 받는 스트레스를 해소하는 방법이었고, 그냥 아무것도 아니었다. 거리로 나가 운전하면서 어떤 누구도 끼어들지 못하게 하는 것도 불가능하고, 누군가 갑자기 끼어들었다고 해서 그 차의 운전자를 끝까지 찾아가 복수를 하거나 할 일은 더더욱 아니니까 말이다. 어딘가에 끼어들기를 하지 않고 원하는 목적지에 가는 건 불가능하지 않은가? 슬쩍 끼어들다가 놀란 뒤차의 상향등 세례를 받기도 하고 빵빵거리는 짜증 가득한 소리를 뒤집어쓰기도 한다. 아빠인 나에게 끼어들기는 일상이고, 미리 알아 반드시 막아야만 하는 것은 절대로 아니었다.

더 중요한 건, 운전 중에 찾아오는 수많은 '분노의 순간'들을 아빠는 금방 잊어버리고 만다는 것이다. 기억할 필요도 없고,

기억하고 싶은 것도 아니니 당연하다. 그런데 당시 초등학생이었던 아이는 아빠의 행동을 보고 그것을 당연하게 생각하며, 운전하는 아빠에게 아빠가 아직 보지 못한 것들을 알려주기까지 한다. 의도하지 않았지만 체득되어버린 그 배움은 사실은 왜곡된 배움이다. 그리고 그걸 자기도 모르게 가르쳐준 존재는 다름 아닌 아빠다. 아빠는 자기 삶으로 아이를 가르친다. 아빠는 아빠라는 존재 자체로 아이를 가르치게 된다는 뜻이다.

가르침은 나의 변화에서부터 시작된다

삶에서 '배움'이란 가르치고 배우는 대상이 서로 어떤 관계를 맺고 있느냐를 전제로 한다. 수학과 국어와 영어를 가르치는 데 관계는 그다지 중요하지 않다. 물론 그걸 배우는 선생님과의 관계가 아이들의 성적을 좌우하는 경우도 많지만, 최근처럼 비대면 강의가 확산되는 상황에서는 배움의 과정에 학생과 선생 사이에 좋은 관계가 전제되어야 할 이유는 없다. 중요한 건 선생님이 아이가 쉽고 빠르게 이해할 수 있도록 잘 가르치는 것이고, 학생은 자신이 제공한 비용만큼의 교육 서비스를 받으면 그만인 것이다.

그러나 아이와 아빠는 그 관계의 독특함이 있다. 아이는 아빠의 말이 아니라 아빠의 행동과 태도와 자세를 통해 배운다. 말로만 교육하는 것의 한계에 대해서는 많이들 들어보았을 것이다. 그러나 아빠와 아이는 그보다 훨씬 더 중요하고 의미 있는 관계를 맺고 있고, 그래야만 한다. 그 의미 있는 관계가 바로 아이에게 있어 세상을 향한 배움의 첫걸음이 된다. 배움의 첫걸음인 아빠가 아이의 모범이 되고 아이가 살아가는 삶의 기준이 되어주어야 하는 이유다.

오이디푸스 콤플렉스의 건강한 극복은 바로 네 살에서 여섯 살 아이가 경험하는 아빠와의 동일시에서 시작된다. 그렇게 동일시된 아빠는 아이에게 '어떻게 살아야 하는가'를 알려주는 초석이 된다. 아이는 아빠의 자세와 태도, 말투, 걸음걸이, 행동을 배운다. 그런 태도와 행동을 하게 되는 아빠의 생각을, 아빠의 말이 아니라 아빠의 삶을 통해 배운다. 아빠의 기준은 아이의 기준이 되고, 아빠의 세상을 향한 태도와 자세와 생각은 아이에게 답안지가 되어 각인된다.

며칠 전 갓 태어난, 동료 교수님의 손주 얼굴에 그 교수님의 얼굴이 보인다. 자랑스럽게 메신저 프로필에 올려놓으신 그 손주 사진을 보며 교수님을 아는 모두가 그렇게 느꼈다. 그렇게 유전적으로 닮아 태어나지만, 그 아이가 할아버지와 아빠와 똑같은 삶을 살지는 않는다. 아이들의 배움이 다르기 때문이다. 그리고 그 배움의 시작은 바로 아빠가 어떻게 '사는가'에서 비롯된다.

이렇게 글을 쓰다 보니 새삼 반성해야 할 많은 것들이 물밀듯이 다가온다. 공부하라고 하면서 텔레비전을 보고, 정직하게 살라고 하면서 슬쩍 거짓말을 얹어 조금이라도 내 손해를 줄이려 하고, 법을 지키라고 하면서 나는 아이를 차에 태우고도 신호와 속도를 위반하면서 쌩쌩 달린다. 아이에게 보여주었던 내 삶의 모습들은 과연 어떠했는가. 얼굴이 홧홧해진다.

아빠로서 삶으로, 몸으로, 존재로 내 아이에게 배움을 얻게 한다는 건 참 만만하지 않은 일이다. 아이들을 가르치기 위한 시작은 바로 아빠의 삶이 바뀌고 변화되는 것이다. 그러나 그런 변화가 쉽게 될 수 있었다면 아마 나는 지금과는 완전히 다른 삶을 살고 있었으리라. 그 만만하지 않음이 나를, 우리 아빠들을 아득하게 한다. 그래서 아빠 역할이 그토록 어려운 것이다. 그래도 다짐이라도 하고, 행동을 변화시켜보는 노력의 첫걸음이라도 떼야 하리라. 안 하는 것보다는 낫지 않겠는가.

내 아이를 위한 카르페 디엠

아빠는 초등학교 3학년 아들 수철이가 말을 하지 않으면 말을 할 때까지 아들을 업고 한참을 걸었다. 말을 해야 밥도 먹고 숙제도 하고 잠을 잤다. 아빠가 사랑하는 아들과 소통하는 방법이었다. 아이는 아빠에게 학교에서 무슨 일이 있었는지, 뭐에 화가 났거나 힘들었는지를 이야기했다. 아빠는 아들 표정만 봐도 아들이 무슨 일인가 마음속에 담고 있다는 것을 알아차렸다.

그 아들이 어느덧 중학교 3학년이 되어 아빠와의 심각한 갈등으로 상담의 자리에 왔다. 싱글대디인 아빠는 작은 사업을 하며 두 아이를 키운다. 둘째는 수철이보다 세 살 어린 딸이다. 아빠는 아이를 너무 좋아했고, 아내가 임신하자 당연하다는 듯 결혼했다. 그리고 4년여를 함께 살며 둘째 아이까지 낳았다. 그러나 여러 이유로 결국 아내는 아이들을 아빠 손에 남긴 채 떠나버렸다.

아빠와 엄마가 이혼하기까지는 여러 아픔이 있었으리라. 어쨌든 아빠는 혼자 아이를 키우는 것에 늘 당당했고, 아이에게 최선을 다했다. 아이와의 상담 자리에는 늘 함께 왔고, 아이 상담이 끝난 후에도 10분 정도 나와 성실하게 이야기를 나누었다.

3회기 정도가 지나 비로소 아이와 라포rapport(상담사와 내담자 간 상호신뢰관계)를 형성하며 듣게 된 이야기는 조금 의외였다. 아이는 아빠를 사랑했고, 아빠가 하는 모든 행동을 잘 받아들이고 있었다. 아빠가 얼마나 좋은 아빠인지를 솔직하게 이야기해주었다. 문제는 자신을 사랑하는 아빠가 자신에게 요구하는 것들이었다. 무엇보다 수철이가 힘들었던 건 끊임없이 아빠와 대화해야 한다는 점이었다. 요즘같이 대화가 필요한 시기에 이건 좋은 이야기 아닌가? 그런데 너무 많은 대화는 심각한 갈등과 상처와 아픔을 주기도 한다.

아이는 당연히 그 대화의 의도를 알고 있었다. 그건 아주 어릴 적부터 아빠와만 함께 사는 가족의 규칙과도 같은 것이었다. 하지만 아이도, 아이의 동생도 그걸 힘들어한다는 걸 아빠만 몰랐다.

오, 캡틴! 마이 캡틴!

〈죽은 시인의 사회Dead Poets Society〉라는 영화에서 유명해진 대사가 있다. “O Captain! My Captain!”이 그것이다. 원래 미국 시인 월터 휘트먼의 시였던 이 말은 영화의 마지막을 장식하는 절절한 명장면으로 전 세계에 울려퍼졌다.

영화는 전통 있고 보수적인 웰튼 아카데미에 국어 선생님으로 부임한 존 키팅 선생님이 이전과는 다른 방식의 수업으로 아이들에게 의미 있는 영향력을 전파하는 과정을 보여준다. 고대 로마 시인 호라티우스의 라틴어 시의 한 부분 ‘카르페 디엠Carpe Diem’은 키팅 선생님이 아이들에게 던진 도전이었다. 번역하자면 “오늘을 즐기라”, “현재를 살라”, “너의 인생을 특별하게 만들라” 정도로 이해될 수 있는 이 문구는 학생들에게 많은 영향을 끼쳤다. 그들이 자신의 능력을 새롭게 발견하거나 부모가 아닌 자신이 원하는 것을 찾아 도전하게 해준 것이다.

영화의 또 다른 주인공 닐은 하버드를 졸업하고 의사가 되기를 원하는 엄격한 아버지 밑에서 자라 당연히 자기 삶이 그러하리라고 여겼다. 그러나 키팅 선생님의 영향으로 새로운 꿈을 찾게 되고, 정말 하고 싶었던 연극 주연을 맡아 멋지게 그 역할을 해낸다. 그러나 아버지는 닐을 전혀 이해해주지 않았고,

모든 기대가 무너진 닐은 극단적인 선택을 하고 만다. 이 일에 대한 책임을 지고 키팅 선생님이 학교를 떠나게 된 날, 아이들은 모두 책상 위에 올라가 키팅 선생님을 향해 "O Captain! My Captain!"을 외친다.

30년도 더 지난 이 영화를 들먹이는 이유는 가족, 특히 아빠와 아이의 대화가 지금 이 시대에도 여전히 부족하며, 이 '대화'라는 것이 얼마나 필요하면서도 어려운 일인지를 말하기 위해서다. 그리고 '카르페 디엠'의 메시지가 지금 아이를 수용하기 어려워하는 아빠들에게 반드시 전달되었으면 해서이기도 하다.

정말 중요한 대화의 기술

우리는 공감과 경청의 시대를 살고 있다. 사회 어느 곳을 봐도 '공감'과 '경청'이 중요하다는 메시지가 넘쳐난다. 이 공감과 경청의 전제가 바로 대화다. 세상은 늘 대화가 중요하다는 뻔한 충고를 한다. 그런데도 여전히 대화가 부족하다고 여겨지는 이유는 무엇인가? 대화는 시간의 충분함이 아니라 내용의 충분함이 훨씬 중요하기 때문이다. 나아가 대화는 쉽지 않은 능력과 인내가 필요한, 열심히 배워야 할 '기술'이다.

수철이 아빠는 가족과 함께하는 대화의 시간을 늘 자랑스러워했다. 그 대화를 통해 모든 것이 해결되리라 믿었다. 그러나 아이에게 대화는 소통이 아니라 명령이고 설득이었다. 아빠는 늘 결론을 정해놓고 이야기했고, 그 결론에 도달하기 위해 아이를 설득했다. 아빠는 아들이 자신과의 대화를 통해 아빠의 결론을 자발적으로 수용한다고 생각했고, 홀로 남매를 키우며 모든 걸 채워주기 위해 노력하는 아빠의 진심을 알기에 아이는 그것을 참고 또 참았다.

또 하나, 아이를 힘들게 하는 건 아빠가 아이들의 모든 일에 관여하려고 하는 것이었다. 대화도 사실 그 일환이었다. 설득 대신 강압과 폭력을 행사하거나 아이 일에 무관심으로 일관하는 아빠들을 생각하면 사실 수철이 아빠의 방식은 정말 좋은 것이라고 할 수도 있다. 그러나 중학교 3학년인 수철이에게는 말하고 싶지 않은, 묻지 않고 그냥 넘어가줬으면 하는 많은 일들이 있었다. 아빠는 그걸 용납하지 않았다. 아이는 대충 대답하고 넘어가려 하고, 아빠는 집요하게 묻기를 반복했다. 대화는 점점 힘들어졌고, 결국 아이는 중학교 3학년 여름방학 때 아빠와 대화를 단절했다.

아빠는 아이들을 정말 열심히 키웠다. 내가 처음 수철이 아빠를 만나 이런저런 이야기를 나누었을 때만 해도 아빠는 삶에 자신이 있었고 아이 키우는 걸 행복해했다. 그런데 성의 없는 대답으로 일관하고 결국 말이 없어져버린 아들은 아빠를 절망하게 했다. 엄마 없는 아이라는 딱지가 붙을까 매일 빨래를 하고 새벽이면 아이들이 입고 갈 옷을 다림질하던 아빠였다. 그리고 아이들과 소통하는 대화는 아빠에게 무엇보다 중요한 것이었다. 그런 아빠의 믿음이, 갑자기 변해버린 아들로 인해 한순간에 무너져버렸다. 아빠는 지금까지 열심히 살아왔던 자기 삶의 모든 것이 부정되는 것 같은 아픔을 느꼈다. 앞으로 아이를 어떻게 키우며 살아야 할지, 나아가야 할 방향을 잃어버렸다.

우리 시대 연약한 아빠와 더 연약한 아이들을 위하여

수철이와의 상담은 10회기로 마무리되었다. 수철이의 아빠에 대한 폭넓은 이해가 아이와 아빠를 연결하는 교두보 역할을 했다. 물론 쉽지는 않았다. 아빠는 아들의 말을 듣기 시작했고, 좀 더 넓은 수용성을 지니기 위해 노력했다. 아빠는 아이가 말하지 않는 것을 더 이상 묻지 않았고, 아이는 할 수 있는 한 자신의 이야기를 많이 하려고 노력했다.

어느 날 밤 11시 30분이 넘은 시각이었다. 텔레비전을 틀어 놓은 채로 멍하니 졸고 있던 나는 진동 소리에 느릿느릿 핸드폰을 찾았다. 전화기에는 수철이의 이름이 보였다. 상담이 마무리된 지 6개월쯤 지난 후였는데, 이 시간에 전화가 온다는 건 무슨 일이 생겼다는 거였다. 그래도 나를 찾으니 그나마 다행이었다.

아이와 아빠는 서로에게 분노했고, 아빠는 아이의 따귀를 때렸다. 아이는 집을 나와버렸다. 그게 30분 전이었다. 나는 아이가 있는 곳으로 차를 몰고 가며 아빠에게 연락했다. 아빠는 후회하고 있었다.

24시간 영업하는 패스트푸드점을 찾아 새벽 2시까지 아이와 함께 있었다. 6개월 동안 있었던 일을 다 이야기하기에는 한참 모자란 시간이었다. 그러나 한 가지는 분명했다. 아이는 흥분했고, 아빠도 자신을 컨트롤하지 못했다. 아이가 게임을 하고 있었다고 단정하는 아빠의 말이 시작이었고, 아빠의 마음에는 아들이 말하지 않는 빈 시간에 아들이 무엇을 하는지, 어떤 친구들과 어울리는지 궁금하고 불안한 마음이 쌓여 있는 상태였다. 아들은 억울했고, 자신을 믿지 않는 아빠에게 실망하고 분노했다. 아빠는 자신에게 대드는 아들을 수용할 수 없었다.

아이를 일부러 집에서 좀 떨어진 곳에 내려주고, 아빠에게 전화해 "들어가서 자라고 한마디만 하고 넘어가주세요"라고 말했다. 아빠는 내 말을 이해했다. 며칠이 지나도록 아빠에게도 아이에게도 연락이 오지 않았다. 그 사건은 일단 그렇게 해결된 것이리라.

아이들에게 '카르페 디엠'의 정신이 필요한 것은 분명하다. 그러나 그 과정에서 아이가 반드시 겪어야 할 실패의 자리를 두려워하지 않을 아빠가 얼마나 있을까? 그럼에도 아이들에게 카르페 디엠의 도전은 반드시 있어야 하고, 아빠는 그 과정을 감당해줄 수 있어야 한다.

아버지가 아닌 아빠의 시대, 아빠는 그런 역할이어야 한다. 아들이 내 마음을 아프게 할지라도 아빠는 그것을 견뎌내야 하며, 수용하고 인내해주어야 한다. 그리고 결국 또 손을 내밀어 아들을 끌어안는 것도 아빠여야 한다. 아빠의 시대를 사는 우리 아빠들 모두가 그런 아빠의 역할을 감당해야 한다. 참 어려운 일이다.

말하면 좀스러워지는 잡다한 감정의 상처들

"Speak up!"

미국에서 공부나 일을 하려 한다면 이 말을 기억해야 한다. 한 번도 미국에서 살아보지 못한 사람으로서 나에게 이 단어는 참 낯설게만 느껴졌다. 이 말을 굳이 우리말로 옮긴다면 "소리를 높여라", "큰 소리로 말해라" 정도의 뜻이겠지만, 사실 이 말은 "네 주장을 좀 더 강력히, 명확히 해라. 어느 자리에서도 주눅 들지 말고 당당하게 네 생각을 이야기해라. 몰라도 일단 뭐든지 말해라"라는 의미다.

미국에서 공부한 내 친구는 한국에서 꽤 까탈스러운 사람으로 통했다. 사람이 나쁜 건 절대 아니었지만 적당히 얼렁뚱땅 넘어가는 일이 없었다. 그게 가끔 불편하기는 했지만, 우리는 그 친구를 알았기에 그러려니 했다.

그런데 그 친구에 따르면, 자신의 까탈스러움은 미국인에 비하면 정말 아무것도 아니라는 것이다. 가능한 모든 자리에서 자신이 원하는 것을 분명히 말하는 건 기본이고, 뭔가 불편하면 "No"라고 말해야 한다. 한국 사회에서는 상황이 좀 적절하지 않다 싶으면 어지간한 자신의 불편은 그냥 말하지 않고 넘어간다. 그런데 미국 문화에서는 그렇게 참아주는 사람을 좋은 사람이라거나 전체를 위해 희생하는 사람으로 보지 않는다. 그냥 '저 사람은 그렇게 해도 되는 사람'으로 본단다. 그러니 상황이 주는 부담감이나 겸손함 따위는 저 바다에 던져버려야 한다는 이야기였다.

학교 수업 시간마다 요구되는 무수한 토론 과정에서 침묵이 매너인 우리와는 한참이나 다른 문화라고 할 수 있다. 영어가 짧다는 열등감이 토론 참여를 힘들게 하지만, 그래도 'Speak up', 소리를 높여 자신의 주장을 말하고 토론에 끼어들어야 한다. 그 문화에서는 그런 모습이 당연한 것이며, 조용히 참는 사람이 이상한 사람이다.

다툼이 없다고?

연미씨는 42세의 젊은 엄마였다. 근심 가득한 얼굴로 나와 마주 앉은 그녀는 결혼한 지 8년 차였고 세 살 딸과 다섯 살 아들을 키우고 있었다. 요즘 남편과의 관계가 힘들어 나를 찾아왔다는 그녀는 남편이 툭툭 던지는 말이나 예기치 않게 드러나는 남편의 감정과 태도에 상처를 많이 받았다. 대화는 점점 어려워지고, 아이들과 함께하는 시간도 힘들어졌다.

전문직 직장인이었던 연미씨는 남편과 경제적 문제로 다툰 적은 없었다고 했다. 처음 교제를 시작하고 결혼할 때까지 3년, 결혼 이후 8년이나 지났는데 경제적인 문제로 다툰 적이 없었다고? 나는 연미씨의 말을 살짝 마음에 넣어두었다. 다툼 자체에 대한 서로의 이해가 다르면, 한 사람은 다툼이 있었다고, 다른 사람은 없었다고 말할 수 있기 때문이다. 한쪽이 피하면 피하는 쪽은 다투었다고 생각하지만 별 이의 없이 받아들여졌다고 생각하는 쪽은 다툼이 없었다고 여긴다.

여러 이야기를 들으며 상담사인 내가 연미씨에게 던진 질문의 핵심은 남편과의 관계에서 '무엇'이 힘드냐는 것이었다. 처음 연미씨는 내 질문을 이해하지 못했다. 예를 들어 아이들과 함께 놀러 갔는데 아이들에게 집중하지 않고 전화기만 붙들고 있다거나, 시댁에서 무엇인가 요구하면 그냥 혼자서 처리해버리곤 한다는 이야기에서 연미씨는 '무엇이' 힘들었냐는 것이 내 질문이었다. 나는 남편의 '행동'에 대한 연미씨의 '생각'이 아니라, 그렇게 행동하는 남편을 바라보는 연미씨가 힘들고 어려운 것이 무엇인지를 탐색하고자 했다.

아이들과 노는 데 집중하지 못하는 남편에게 아이들과 좀 더 잘 놀아달라고 '말할' 수 있다. 물론 그 반응이 싸움으로 연결될 수도 있고 여러 생각지 않은 불편함을 불러올 수 있지만, 그렇다고 아무 말도 하지 않고 그냥 꾹 참는 것으로 모든 상황을 지나갈 수는 없다.

만약 연미씨가 남편에 대해 느끼는 불편을 이야기하지 않고, 그걸 힘들어하는 거라고 치자. 그렇다면 "도대체 왜 나는 남편에게 내 불만을 말하지 못하는가?"라는 측면에서 연미씨 마음을 들여다보아야 한다.

물론 이건 남편보다 연미씨가 문제라는 이야기를 하려는 게 아니다. 알아야 할 것은 당사자인 연미씨가 정말 힘들어하는 것이 무엇인지라는 말이다.

제발 말 좀 해달라고 vs 내가 어떻게 말해?

연미씨는 막연한 두려움을 가지고 있었다. 남편이 조금씩 아이들과 자신에게서 멀어져가고 있는 것 같은 느낌이었다. 무엇이 연미씨가 그렇게 느끼게 한 걸까? 연미씨는 매사에 적극적이고 분명한 것을 좋아했다. 남편은 연미씨의 이런 성격에 반했고, 연미씨는 자신은 상상도 하지 못할 융통성을 발휘하는 남편의 모습에 반했다. 그리고 많은 경우, 결혼하면 서로 반했던 그 모습이 짐이 되고 싸움의 단초가 된다.

연미씨 남편은 자신의 융통성을 말로 표현하지 않고 행동으로만 표현했다. 연미씨는 늘 남편이 왜 저렇게 행동하는지 알지 못하고 어떤 결정을 갑작스럽게 통보받곤 했다. 물론 나중이 되면 남편이 모두를 위해 그런 선택을 했다는 것을 알게 되지만, 지금 이 자리를 확실하게 디뎌야 다음 단계로 넘어가는 연미씨에게 그건 정말 견디기 힘든 일이었다.

아이들을 사랑하는 남편은 늘 아이들을 위해 몇 걸음 앞서 계획하고 준비했는데, 그 깊은 뜻을 아이들도 아내도 알지 못했다. 그래서 이 부부가 다투는 대부분의 이슈는 '안 알려주고' '모르는' 것 때문이었다. 그게 자꾸 싸움이 되니, 점점 연미씨는 물어보지 않고 남편도 더욱 자신의 뜻을 말하지 않게 되었다.

문제는 그렇게 준비한 어떤 일이 남편의 생각대로 되지 않을 때다. 어떻게 세상일이 내 맘대로만 굴러가겠는가. 계획이 다 틀어져 모두가 헤매고 있을 때 남편은 그제야 자신의 의도가 이러이러한 것이었다고 이야기한다. 조금만 미리 이야기했더라면 연미씨가 다른 방법을 찾을 수도 있고, 사전에 훨씬 좋은 다른 길을 모색할 수도 있었을 텐데 말이다. 남편은 혼자만의 의도와 생각으로 모든 것을 처리하려 했고, 이게 생각처럼 흘러가지 않아 상황이 안 좋아지면 이제껏 꾹 참고 있던 연미씨가 폭발하는 패턴이 반복되고 있었다.

그런데 내가 주목한 것은 연미씨가 나와 대화할 때 사용한 말투와 언어였다. 내 말이 자신의 생각과 조금이라도 벗어나면 연미씨는 그 대화를 칼같이 끊어버렸다.

"그건 아닌데요. 선생님께서 잘못 이해하신 것 같아요."

대화에 사용되는 언어는 지극히 이성적인 것들이었다. '예'와 '아니요'가 중요했고, 어중간한 말은 그래서 그 결론이 무엇인지를 명확히 하도록 요구했다.

"글쎄요. 남편의 그 말이 선생님께는 어떻게 느껴지던가요?"

"그런데 상담사님. 그건 어떻게 느껴지고 말고 할 게 아니지 않나요? 그렇게 말하면 그냥 그런 거지요. 그걸 제가 뭔가 다르게 해석하고 있다고 말씀하시는 것 같네요."

몇 회기가 지나며 나는 연미씨에게 남편과 함께 방문해줄 것을 부탁했다. 그래서 그날은 아이 둘과 부부 모두, 온 가족이 상담실로 출동했다. 아내가 말하면 남편은 그냥 옆에서 웃었다. 아내의 말에 대한 남편의 생각을 물으면 그냥 딱히 할 말이 없다고 대답했다. 나는 그게 좋다는 건지 싫다는 건지를 한 번 더 물었다.

"그냥 좋을 대로 생각하시면 됩니다."

"좋을 대로 생각하라는 건 거절하시는 거라고 느껴지는데요?"

남편은 침묵했다. 거절이 맞는 것이었다. 부부의 대화는 늘 이런 패턴으로 흘러갔다.

남편은 아이에게 좋은 아빠가 되려 노력하는 사람이었다. 그에게 아이들과 이런저런 일들을 함께하는 경험은 아이와 자신을 엮는 너무나도 중요한 행복의 과정 그 자체였다. 연미씨는 그런 남편에게 고맙고 든든한 마음을 가지고 있었지만, 남편의 융통성을 계속해서 용납하는 데에는 한계가 있었다. 피자를 먹으며 콜라 한 잔 먹는 건 연미씨에게 아이를 망치는 지름길과 같은 것이었다. 어떻게 어린아이에게 콜라를 먹일 수 있다는 말인가? 이빨이 다 썩으면 어떻게 할 건가? 연미씨는 그럴 때마다 즉각적으로 개입하여 콜라와 아이의 건강한 성장에 대한 아빠의 무지함을 깨우치게 했다. 말은 단호했고 논리는 명확했다. 그리고 아빠는 입을 닫았다.

그래도, Speak up!

남편은 좀 더 자신의 생각을 능동적으로 표현할 수 있어야 했다. 아내는 합리적이고 논리적이지 않더라도 남편의 이야기를 들어줄 수 있는 넉넉함이 필요했다. 물론 지금까지 있었던 수많은 다툼의 과정에서 언제나 아내는 남편에게 당신의 생각을 이야기해달라고 요청했다. 그런 요청에 대한 남편의 대답은 언제나 한결같았다.

"됐어."

왜 됐을까? 분명히 더 할 말이 많을 텐데, 왜 그렇게 이야기했을까? 나는 연미씨의 허락을 받아 남편과 단둘이 몇 회기의 상담을 진행했고, 드디어 그 범인을 색출해낼 수 있었다. 그건 바로 '말하면 쫀쫀해지는 잡다한 감정의 상처들'이 남편에게 있었기 때문이었다.

남편에게는 말하면 우스워 보일 것 같은, 지극히 잡다해 보이는 상처들이 있었다. 아니, 평생 사랑하며 한 이불을 덮고 자는 아내에게 말 못 할 일이 있을까? 말하면 입 아픈 일이다. 당연하다. 독자 여러분은 말은 맞는데 기분은 나쁜 묘한 대화를 해본 적이 없는가? 그런 상황에 일일이 대응했다가는 사람이 너무 쩨쩨해지는 것 같다. 그런데 그건 우리 마음에 살짝살짝 생채기를 낸다. 그게 점점 많아지면 가만히 있어도 욱신거리고 아프다.

명확히 대응하고, 상대방이 자기 실수를 인정하고 사과하거나 자기 의도가 그것이 아니었음을 잘 설명해주어 이런 앙금이 적절히 해소되는 일은 드물다. 가장 상처가 되는 건 모처럼 그렇게 자기 감정을 표현한 나에게 상대방이 이렇게 반응하는 것이다.

"에이, 삐졌구나. 뭘 그런 걸 가지고 그래."

"아, 나 참. 웃자고 한 이야기인데 죽자고 덤벼드네."

"아, 미안 미안. 알았어 알았어. 그냥 내가 사과할게. 내가 잘못했다고오오~."

그러면 거기에 또 대응하기란 힘들다. 가만히 앉아서 진짜 그냥 쫀쫀하고 쩨쩨한 인간이 되어버리고 마는 것이다. 이게 억울한 점은 또 있다. 시작도 상대가 했는데 마무리도 상대가 한다는 것이다.

아내인 연미씨가 늘 이런 식의 대화를 하지는 않았을 것이다. 그러나 문제는 남편이 연미씨와의 대화를 그렇게 받아들이고 있다는 것이다. 거기에는 연미씨가 사용하는 단어와 말투도 한몫했다. 당연히 연미씨는 그걸 모른다. 남편이 그게 싫다고 한 번도 이야기하지 않았으니까. 남편은 대화를 외면하거나 다른 이야기로 넘어가거나 침묵하는 방식으로 반응했을 뿐이다.

연미씨는 언제나 남편에게 명확하게 이야기하라고, 그럼 자신도 거기에 맞추겠다고, 혹시 그게 어렵다면 뭐가 어려운지 분명히 이야기하겠다고, 그렇게 연미씨 특유의 똑부러짐으로 남편에게 호소했다. 말 그대로 '호소'했다. 연미씨는 정말 남편을 사랑하고 소중히 여기고 있었기 때문이다. 다만 연미씨는 남편의 표정과 어정쩡한 그 말들을 이해하고, 거기에 맞춰 자신을 표현해낼 수 있는 '지식'을 가지고 있지 않았을 뿐이다. 그건 자신의 의견을 'Speak up'하지 못하는 남편도 마찬가지다.

"하고 싶은 이야기가 있으면 다 해봐. 그렇게 꽁하고 있지 말고"라는 짜증 섞인 말은 사실 아무 말도 하지 말라는 것보다 더 나쁜 결과를 가져온다. 그런 말을 듣는 상대방은 일단 자신이 '꽁하고 있는 옹졸한 사람'이 되어버렸기에 더 다른 말을 하기가 어렵다. 상대는 넉넉하고 너그럽고 모든 것을 수용하는 사람이 되는 반면, 자신은 작고 볼품없는 존재로 인식되는 것 같다. 그러니 거기에 더더욱 무슨 말을 하겠는가?

필요한 건 'Speak up' 이전에, 상대가 그렇게 할 수 있게 하는 '나'의 수용성이다. 그건 다른 말로 '안전함'이라고도 할 수 있다. 아무런 수용성이 없는 사람이, 다시 말해 아무런 안전함도 담보하지 않는 사람이 나에게 큰소리만 친다.

"말해봐. 왜 말 안 해? 뭐 말하기 어려운 게 있구나? 너 뭐 잘못한 거 있지?"

나는 점점 더 법의 심판이라도 받아야 할 엄청난 것을 숨기고 있는 죄인이 되어버린다. 사실은 잡다하게 얽혀 있는 작은 상처일 뿐인데, 그걸 입 밖에 내어 말하게 되면 옹졸하고 쩨쩨한 존재가 되어버릴 것 같은 염려, 상대의 반응이 오히려 날 더 옹졸한 인간으로 만들지도 모른다는 의심에서 벗어나지 못했던 건데 말이다.

'Speak up'을 요구하려면 그게 무엇이든 받아들이고 수용할 수 있는 문화적 배경이 뒷받침되어야 한다. 그건 엄청나게 넓은 가슴과 활짝 열린 마음을 요구하는 것이 아니다. 지금보다 조금만 더 열린, 지금보다 조금만 더 넓은 마음의 자리가 필요할 뿐이다. 조금만 상황을 넓게 보고, 할 이야기와 하지 말아야 할 이야기를 구분하려 노력하고, 정말 조금만 상대방의 표정과 태도에서 읽히는 감정에 예민해지면 된다.

좋은 아빠가 되려면 아내와의 좋은 콜라보가 필요하다. 아이들에게는 좋은 엄마, 나쁜 아빠가 없으며 나쁜 엄마, 좋은 아빠도 없다. 아이들에게 엄마 아빠 앞에는 '좋은'과 '나쁜'이 함께 따라다닌다. 그러니 멋진 콜라보를 이루기 위해서는 건강하게 대화할 수 있는 '마음'도 있어야 하고, '지식'도 있어야 한다. 아이들은 늘 엄마와 아빠 사이에 존재한다. 엄마와 아빠 사이가 안전하면 아이들도 안전하고, 엄마와 아빠 사이가 불안하면 아이들도 불안하다.

나는 이 상담을 진행하며 살짝 아빠 편을 들어주었다. 이걸 우리는 '상담사의 역전이'라고 한다. 내담자가 상담자를 과거 경험 속의 어떤 존재로 느끼는 것을 '전이'라고 하는데, '역전이'란 상담자가 내담자를 그렇게 느끼는 것이다. 나는 말하면 쫀쫀하고 좀스러워지고 옹졸하게 보일 것 같아 말하지 못했던 내 작은 상처들이 떠올라 그 아빠의 마음에 과도하게 공감되었다.

이를테면 그런 일들이다. 아들만 스테이크 구워주고, 내가 먹고 싶다고 하면 살찐다고 타박하고, 부대찌개 먹고 들어온 나에게 부대찌개가 만병의 근원인 것처럼 훈계해놓고선 아들이 먹고 싶다고 하니 단번에 나를 앞장세워 부대찌개 식당으로 향하는 아내의 모습이 떠올랐던 것이다. 거기에 대고 나한테는 안 해줘 서운하다는 티라도 냈다가는 얼마나 내가 옹졸하고 좀스러운 인간이 되겠나 싶어 아무 말도 못했던 기억들이다. 우리네 삶에는 이렇게 말하기는 좀 그렇지만 작은 상처로 남겨지는 일들이 참 소소하게 쌓이곤 한다.

다행히 살짝 아빠를 두둔하는 듯한 상담사를 연미씨는 너그럽게 수용해주었다. 연미씨는 남편이 싫어하는 말투와 단어를 바꾸는 '지식'을 연습했고, 남편은 자신의 계획과 생각을 말로 표현하려고 노력했다. 논리적이고 합리적이며 전부 맞는 말이지만 상대를 바보, 무능력자, 어리석은 자로 만들어버리는 이

마법의 결계에서 탈출하는 노력은 결과적으로 나름의 효과를 얻었다.

역전이를 제대로 다루지 못한 나의 부족함에 대한 자책은 이후에 내가 감당해야 할 몫이었다. 하지만 그 과정이 내담자의 상황 호전에 적절한 도움이 되었다면, 그 정도 부족함은 눈감아주어도 되지 않을까. 넓은 이해를 부탁드리는 바다.

그 말을
하지 못해서 다행이다

유독 엄지발가락 부분에 구멍이 나곤 하는 내 양말을 어머니는 늘 꿰매놓으셨다. 실의 색깔이 양말과 맞지 않는 것은 나름 어머니의 조크였을까? 가끔 신발을 벗고 들어가는 곳에서 그런 양말을 들켜 상대나 나나 무안해졌던 경험이 제법 있다.

그 어머니가 돌아가신 지 3년이 지났는데, 아직도 내겐 그렇게 꿰매진 양말이 몇 켤레 있다. 아침에 그냥 손에 잡히는 대로 신고 다닌다. 원래 그렇게 살았고, 그것이 부끄럽다고 생각하지 않기 때문이다.

어느 날, 고등학생인 아들이 여름옷이 필요하다고 해서 아울렛이라는 곳에 가보았다. 티셔츠 한 장에 5만 원이 넘고, 기능성 트레이닝복 세트가 수십만 원인 걸 보고 나는 정말 기절할 것처럼 놀랐다. 아이에게는 브랜드가 중요했다. 나는 브랜드는 중요하지 않다고 아이를 타일렀지만 그런 말이 아이에게 들릴 턱이 없었다.

어려서부터 가난한 홀어머니와 함께 살았던 나는 한 번도 유명 브랜드의 무언가를 사달라고 어머니를 졸라보지 못했다. 안 한 게 아니라 못 한 거였다. 나는 매일 봉제 공장에 다니시며 아들 하나를 위해 열심히 살고 계시는 어머니께 늘 죄스러운 마음을 품고 살았다. 그래서 친구들이 모두 나이키와 프로스펙스를 신을 때 나는 진심으로 프로월드컵으로 만족했었다.

기어이 15만 원짜리 옷을 집어 들고 계산대로 가는 아들을 보며 나는 그게 그만한 가치가 있느냐며 구시렁댔지만 엄마와 작당한 아들과의 싸움은 이미 끝나버린 후였다.

아빠의 삶의 방식과 아이의 삶의 방식은 달라야 한다

20년이 넘는 오랜 기간 허물없이 지내는 친구들이 함께 모인 어느 날이었다. 밥을 먹고 차를 한잔하며 이런저런 이야기를 하다, 문득 그때 일이 생각나 엄마를 꼬드겨 15만 원짜리 옷을 사 입은 아들놈에 대한 불편한 마음을 토로했다. 그러자 친구

하나가 이렇게 말했다.

“아니, 넌 가난한 홀어머니의 외아들로 살았지만 네 아들은 교수 아들로 사는 거야. 삶의 방식과 생각이 다른 게 당연하지. 네 애한테 가난한 홀어머니 외아들의 삶을 살라고 하면 되겠어?”

뭐, 교수도 교수 나름이지 나처럼 벌이가 넉넉치 않은 대학 교수는 그렇지도 않다고 나름의 항변을 해봤지만 친구는 돈이 문제가 아니라며 쐐기를 박았다.

맞다. 돈이 문제가 아니었다. 내가 불편했던 마음은 돈을 아껴야 한다는 차원이 아니라, 삶의 자세에 대한 것이었다. ‘나는 가난한 홀어머니 아들이고 내 아이는 교수의 아들’이라는 말이 마음에 진득하니 남았다. 나는 꿰맨 양말을 신고 다니면서도 부끄럽지 않은 아빠이고, 밥을 먹어야 할 때는 가급적 싼 가격에 적당히 때우는 게 습관인 아빠였다. 그리고 그런 내 삶의 방식과 생각을 아이도 똑같이 가져주기를 바라고 있었다. 내가 그런 생각으로 아이를 바라보고 있었다는 걸, 그때까지 정말 눈곱만큼도 인지하지 못했다. 내가 청소년이 어떻고 아이들의 상처가 어떻고 하며 가르치는 상담학 교수가 맞나 하는 자괴감에 헛웃음이 나왔다.

'비싼 것'에 대해 불편함을 가지고 있는 나는 말로는 "괜찮아. 네가 원하는 거 사"라고 했지만, 표정으로는 'No!'라는 뜻을 아이에게 명확하게 전달했고, 어려서부터 아이는 아빠 눈치를 보면서 아빠 생각에 따라주었다. 나는 그런 아이가 고마웠고, 이런 '좋은' 사고방식을 아이에게 가르치는 멋진 아빠라고 스스로 뿌듯하게 생각하기까지 했다.

아이가 중학생이 되었을 때 온 가족이 일본 오사카와 교토로 첫 해외여행을 다녀왔다. 그때를 생각하면 지금도 혼자 후회스러운 마음을 되새기곤 한다. 물론 나는 내 삶의 방식을 바꾸지 못할 것이기에, 지금 또 여행을 간다고 해도 내 선택은 달라지지 않았을 것이다. 여기저기 여행을 다녀본 경험이 있는 나는 여행사가 모든 스케줄을 책임져주는 패키지 상품을 선택하지 않았고, 항공권과 호텔을 모두 내가 예약하고, 이동할 때는 모두 대중교통을 이용하는 계획을 잡았다.

아이 입장에서 생각해보면, 들뜬 마음으로 해외여행을 떠났는데 모든 건 돈으로 직결되었고 아빠는 지독히도 싼 것만을 강요했던 것이다. 아이는 점점 아빠 눈치를 보며 구시렁댔고, 나는 녀석의 불만을 귓등으로도 듣지 않았다. 조금만 걸으면 택시비를 아낄 수 있다는 내 사고방식은 아이에게는 고통이었고, 도대체 이렇게 좋은 곳에 와서 왜 이렇게 덥고 힘들어야 하는지 이해할 수 없는 상황이었다.

생각해보면, 온 가족이 함께 간 것이니 이삼십만 원 정도 더 쓰면 될 일이었다. 그래서 좀 더 편하고 좀 더 즐겁고 좀 더 행복하게 시간을 보낼 수 있었던 일이었다.

그런데 난 그렇게 하지 못했다. 난 그렇게 살아왔고, 앞으로도 쉽게 그런 삶의 방식을 벗어나지는 못할 것이다. 그러나 교수 아빠를 둔 내 아이는 다르다. 아니, 달라야만 한다. 아이는 또래의 아이들과, 그 시대의 문화를 공유하며 살아야 한다. 그리고 아이에게는 그런 자기 삶을 지지해주고, 충분하지는 않지만 그래도 원하는 것을 어느 정도 할 수 있는 경제적 배경을 갖춘 아빠가 있다. 아이는 아빠의 삶의 방식대로 살아서는 안 된다.

'라떼는 말이야'는 제발 속으로 삭이라

아빠로서 나의 반성은 아빠가 가지고 있던 사고방식을 아이가 그대로 받아들일 것을 요구했다는 걸 깨달으면서 시작되었다. 내 아이니까 당연히 나와 동일한 생각을 하고 동일한 삶의 방식으로 살아야 한다는 생각이 얼마나 어리석었는지. '그건 안 돼'라는, 아이로서는 결코 이해할 수 없는 단순한 한마디에 모든 것을 수용할 수 있는 아이는 없다. 그건 그 자체가 아빠의 지독한 무지함을 의미한다. 가장으로서의 경제적인 부담과 한 푼이라도 아끼는 것이 결국 너를 포함한 가족 모두를 위한 것이라는 아빠의 깊은 뜻은 아빠만의 짐이고 아빠만의 생각이어야 한다. 당연하다고 생각했던 아빠의 무지함이 아이에게는 강요이고 답답함이고 막막함이었을 것이다.

아이가 초등학생 때 함께 식당에 갔는데, 비싼 돈까스를 먹겠다며 내 눈치를 보았다. 아빠는 팔천 원짜리 먹는데 너는 만이천 원짜리 먹는 게 말이 되냐고 속으로 짜증이 났는데, 그 자리에서 그 말을 하지 못했다. 중학생이 되어 친구들과 놀러 간다며 돈을 달라고 했다. 중학생이 뭐 그렇게 많은 돈이 필요하냐고 나의 계산을 들이밀고 싶었지만, 그 자리에서 그 말을 하지 못했다. 고등학생이 되어 특정 브랜드의 핸드폰을 가지고 싶다고 아빠 눈치를 보는 아이에게 전화는 통화만 할 수 있으면 된다고, 친구들이 쓴다고 그렇게 따라가는 건 바보 같다고 말하고 싶었는데, 그 자리에서 그 말을 하지 못했다. 돈까스를 사주고, 놀러 가는 아이에게 충분한 돈을 주고, 원하는 핸드폰을 사주었지만, 그걸 흔쾌히 하지 못했던 내 마음속 깊은 곳에는 내 삶의 방식을 따르지 않으려는 아이에 대한 불편함이 있었기 때문이다.

별거 아닌 깨달음이라고 할지 모르겠다. 하지만 이 무지한 아빠는 이제야 정말 흔쾌히 아이를 위해 넉넉한 마음을 가질 수 있게 되었다.

동영상을 보다가 아무 때나 마구 들어오는 광고에 짜증 내며 아이는 아빠에게 당당히 광고 없는 멤버십 서비스를 신청해달라고 한다. 당연히 그렇게 해주었다. 나는 여전히 광고를 보며 동영상을 시청하지만, 아이는 광고 없이 보는 호사를 누리고 있다. 핸드폰을 살 때 아이가 요구한 것은 최신 기종이었지만, 결국 1년 전 모델을 사는 것으로 합의했다. 아빠인 나도 이전과 같은 마음은 아니었고 아이도 정말 충분히 아빠 의견에 동의해주었다. 아이는 그렇게 산 새 핸드폰에 120기가 데이터요금제를 사용하지만, 아빠인 나는 이제 4년째 되는 핸드폰에 11기가 데이터요금제를 쓴다. 운전면허를 따는 데 필요한 백만 원을 흔쾌히 신용카드로 결제해주었다. 12개월 할부로 결제한 건 당연히 아이는 모른다.

오늘도 반성문을 써본다. 그런데 오늘은 반성은 하지만 마음 한구석에 아스라한 억울함을 도무지 감출 수가 없다. 20세기에 태어나 21세기에 태어난 아이를 키우며 함께 사는 아비의 일상은 내가 자랄 적엔 누리지 못한 무수한 장면과의 만남이기도 하다. 그럼에도 아빠가 아이에게 준 상처와 아픔은 여전히 아빠의 책임이다. '라떼는 오천 원짜리 자장면도 잘 못 먹었지만 아무렇지도 않았다'고 이야기한다면 완전히 틀린 것이다. 그래도 다행인 것은 '아빠도 아빠 아빠한테 가서 그렇게 말해. 왜 나한테 그래?'라는 짜증 섞인 아이의 말을 들어보지는 않았다는 점이다. 그게 어딘가.

정말 기억나지 않을 만큼 많은 순간, 그 자리에서 그 말을 하지 못했다. 그래서 참 다행이다.

떼쓰는 아이와의 한판 전쟁

대형쇼핑몰에 갔다가 아이 울음소리가 들려 주변을 돌아보았다. 멀지 않은 곳에 아빠에게 안겨 있는 아이의 모습이 눈에 들어왔다.

그런데 아빠와 아들의 자세가 좀 묘했다. 아빠는 아이를 빤히 노려보고 있었고, 두 살쯤 되어 보이는 아이는 아빠의 눈을 피해 이리저리 다른 곳을 바라보며 울고 있었다. 시간이 지나면서 아이의 울음은 억지 울음으로 바뀌어갔다. 아빠는 아이를 여전히 빤히 쳐다보며 무서운 눈초리를 거두지 않았다.

아빠는 아이와 기 싸움을 하는 중이었다. 네가 얼마나 울 수 있는지 한번 보자는 듯이 말이다. 아빠는 아이의 항복을 요구하고 있었다.

나는 솔직히 한심하고 기가 막혔다. 그 젊은 아빠에게 '아이는 그냥 아이일 뿐'이라고 말해주고 싶었다.

떼쓰는 아이를 바라보는 건 동서양을 막론하고 쉬운 일이 아니다. 미국에서 오래 살며 아이를 키우신 어떤 한국인 어머니의 이야기가 생각난다.

"그 엄마들이 그러는 거예요. 엄마가 아이 울음을 참고 견디는 건 불가능하다고요. 그래서 엄마와 아이의 싸움은 언제나 엄마의 패배로 결론이 난다는 거죠. 애가 울면 엄마는 결국 아이가 원하는 걸 들어줄 수밖에 없어요. 그래서 미국 엄마들은 우는 아이를 안전한 곳에 두고 자신은 지하실로 내려가 세탁기를 돌린다는 거예요. 그땐 세탁기 소리가 엄청 커서 위층에서 울고 있는 아이 울음소리가 안 들렸거든요. 그리고 일정 시간이 지나면 아이에게 돌아가 차근차근 아이를 달랜다는 거죠."

나는 그 이야기를 들으며 꽤 합리적이라는 생각이 들었다. "너 아무리 울어도 소용없어. 그건 절대 안 돼!"라는 엄마의 말이, 아이의 계속되는 울음에 결국 "언제까지 울 거야? 정말 너 이번 한 번만이다"로 끝나는 패턴을 생각하면 말이다. 아이는 울고 고집부리면 결국 원하는 것을 얻게 된다는 확신을 얻게 되고, 비슷한 상황이 되면 아이는 당연히 떼쓰기에 진입하고 절대 포기하지 않는다. 그런 과정에서 아이가 고집부리는 대로 해주었던 모든 기억을 잊어버리는 건 사실 엄마다. 아이에게 "이번 한 번만이다"라는 말은 "다음에도 이렇게 고집부리면 내가 또 해줄게"라는 말과 조금도 다르지 않게 들린다.

그건 가정교육이 아니다

교육에 대한 우리나라 학부모들의 열정은 대단하다. 언젠가 한 교육 단체가 그 지역 학부모를 대상으로 연 행사에 초대되어 두 시간 정도 강의를 한 적이 있다. 강의 후 30분가량 질의응답 시간을 가졌는데, 첫 번째 질문이 "아이가 영어 공부에 전혀 흥미가 없어서 걱정이에요. 이럴 땐 어떻게 해야 할까요?"였다. 나는 아이가 몇 학년이냐고 물었는데, 그분이 "초등학교 1학년"이라고 대답하는 바람에 장내에 한바탕 웃음이 터졌다.

아이가 자라는 데는 가정에서 배워야 할 것이 있고 교육기관에서 배워야 할 것들이 있다. 사실 영어나 수학은 가정에서 가르쳐야 할 공부는 아니다. 공교육과 가정교육을 명확히 구분하는 게 쉽지는 않겠지만, 우리가 '가정교육'이라고 할 때 느낌을 생각해보라. "쟤는 가정교육이 안 됐어. 도대체 가정에서 아이에게 뭘 가르친 거야?"라는 말에서 가정교육은 수학이나 영어와는 다른 것을 뜻한다. 그건 인성이나 성격, 태도나 자세에 대한 것이다.

아이가 울고 떼쓸 때 아이에게 고집부린다고 모든 게 되는 건 아니라는 걸 가르쳐야 한다는 생각이 내게도 있었다. 나 역시 숱하게 떼쓰는 아이와 맞붙었다. 많은 아빠들이 그럴 것이다.

어느 날 비슷한 나이의 아이를 키우고 있는 아빠들과 이런저런 이야기를 하다가 나온 이야기다. 일단 그런 경험을 가진 아빠들의 공통점이 있는데, 그건 아이 엄마와 비교를 한다는 것이었다. 아이의 사회성은 아빠가 가르쳐야 한다는 이야기를 어디선가 귀동냥으로 들은 아빠들은 엄마들이 아이와의 싸움에서 쉽게 백기를 드는 것을 비웃으며, 아빠인 자신은 결코 패배하지 않는다고 으쓱해했다. 대부분은 무서운 표정을 지었다든가, 낮은 목소리로 아이를 불렀다든가, 엄마는 생각지도 못하는 당근을 제시하며 아이의 고집을 꺾게 했다는 무용담이 뒤를 이었다.

그런데 아이의 고집을 꺾고, 아이가 울음을 그치고 더 이상 떼쓰지 않게 만드는 게 맞을까? 그 아빠들은 앞서 언급한 아빠처럼, 말 한마디 하지 않고 아이를 무서운 눈으로 노려보며 아이와의 대결에서 기선을 제압하고자 하는 그 싸움에서 이겼다고 자랑하고 있었다.

아이와 밀당하는 게 어리석은 일인 이유

그러나 아이와 그런 '밀당'을 하는 건 정말 바보 같은 짓이라는 걸 알아야 한다. 가장 중요한 이유는 아이가 그 바보 같은 밀당의 의미를 모른다는 것이다. 아이는 그저 원하는 것을 요구하고, 그것이 이루어지지 않아 짜증 내며 화내고 있을 뿐이다. 아이는 이게 아빠와의 대결이라고는 전혀 생각하지 않는다. 그 싸움에 이기고 지는 데에도 전혀 관심이 없다. 그런 생각 자체를 하지 못한다.

그러니 아이의 마음에 전혀 공감하지 못하는 밀당은 전적으로 아빠의 문제다. 두 가지 측면에서 그런데, 하나는 그런 아이를 바라보며 가지는 감정이고, 또 하나는 아이와 관련된 지식이다. 아빠가 이렇게까지 하는데 여전히 고집을 부리는 아이에 대한 감정이 합리적이거나 따뜻한 마음일 리는 없다. 아이를 그렇게 무시무시한 눈으로 노려보는 것만으로도 아빠의 감정을 짐작할 수 있다. 아이가 떼쓸 때는 이렇게 저렇게 하라는 어렴풋한 지식은 그런 어리석은 아빠의 모습을 합리화한다. 아빠의 감정 뒤편에는 어설프고 엉뚱한 지식이 도사리고 있다.

연인 간의 밀당은 서로의 사랑을 확인하는, 반드시 겪어야 하는 힘 겨루기의 과정이다. 이는 이기고 지고의 문제가 아니라, 서로의 생각과 감정을 이해하고 확인하는 과정이기 때문이다. 연인 간의 밀당은 서로의 진심을 이해하고 그 진심에 좀 더 깊이 다가갈 수 있는 경험이 된다.

그러나 아빠와 아이 간의 감정적 밀당은 두 가지 오류를 가지고 있다. 하나는 아이가 자신과 밀당을 할 수 있을 만큼 성장한 성인이라는 착각이고, 또 하나는 그 아이가 아빠를 이기려 한다는 아이의 의도에 대한 착각이다.

이 두 오류는 모두 아빠가 가진 잘못된 지식으로부터 비롯된다. 아이를 성인의 축소판으로 간주하며 아이가 다섯 살에서 최소한 일곱 살이 되면 성인과 다른 것은 단지 신체의 크기뿐이라고 생각했던 관점을 '전정설Preformationism'이라고 한다. 이러한 관점이 지배적이었던 중세시대에 화가들은 아이를 얼굴은 성인과 똑같이 그리면서 신체 크기로만 구분했다. 사실 중세시대는 아이에 대한 개념이나 인식이 부족하여 아이를 낳으면 부모는 가능하면 아이를 멀리하고 유모에게 맡기거나 학교나 수도원으로 보내는 걸 당연하게 여기기도 했다.

그런 관점에서 볼 때 아빠와 아이가 밀당을 한다는 건 무엇을 의미할까? 아이와 밀당하는 아빠는 아이를 자신과 동등한 생각과 의식을 가진 존재, 그 먼 옛날 전성설의 관점으로 아이를 보고 있는 것이다. 그러나 아직 품에 안겨 있는 두 살배기 아기는 말할 것도 없고, 다섯 살이 되고 일곱 살이 되어도 아이는 아이일 뿐 결코 어른이 아니다.

언젠가 아이를 야단치며 "너 또 한 번 이런 데 집착하면 정말 아빠한테 혼날 줄 알아!"라고 말한 적이 있었다. 아이는 엉엉 울면서 "네, 알겠습니다"라고 자기 잘못을 인정한 듯했는데, 울음을 그치며 진지하게 물어온 질문에 우리 모두는 웃음이 터지고 말았다.

"엉엉~ 근데 집착이 뭐예요~ 엉엉."

내가 아이를 어른 취급하고 있었던 것이다. 아이가 나와 똑같이 생각하고, 나와 똑같이 세상을 이해하고, 자신의 의사를 표현할 수 있는 존재라고 착각하고 있었던 것이다.

그러니 아이와 밀당을 하는 아빠들은 자신이 아이를 어른으로 보고 있다는 것을 자각해야 한다. 아빠가 노려보면 아이가 아빠 뜻을 알겠거니, 아빠 눈을 보면 아이가 자기 고집을 꺾어야겠다고 생각하겠거니 하는 것이다. 더 한심한 건, 그래도 아이가 여전히 울면 아빠를 무시하고 깔본다고 생각한다는 점이다. 그래서 아빠는 아이가 요구하는 것에 대한 합리적인 생각을 날려버리고 분노의 감정에 자신을 맡긴다. 감히 아빠를 뭘로 보고 이러느냐는 것이다.

아이와의 '밀당'이라는 주제에 대해서는 아빠가 어떤 사람이고 어떤 상처가 있고 등등의 이야기를 하고 싶은 마음이 전혀 없다. 이건 그런 주제들과 전혀 상관없는 문제다. 누구나 아빠라면 사명감을 가지고 배우고 노력해서 꼭 알아야만 하는 것이다. 이건 이전에 얻은 상처와 아픔의 경험을 통해 가지게 되는 것이 아니다.

이 땅에 아빠라 불리는 모든 분들에게 간곡히 부탁드리고 싶다. 당신들이 가지고 있는 개똥철학으로 아이와 맞닥뜨릴 생각일랑은 깡그리 머리에서 지워주시라고. 내 아이는 내가 잘 안다고 말하고 싶다면, 그 말도 소용없다고 되돌려주고 싶다. 안타깝지만, 엄마가 그렇게 이야기하면 수긍할 수 있어도 아빠가 이야기하면 의문을 가질 수밖에 없는 게 현실이다.

생각해보라. 대부분의 엄마는 아이와 밀당을 하지 않는다. 엄마들도 아이의 울음은 힘들지만, 때론 아이가 떼쓰는 걸 견뎌주고 때론 적절히 아이의 요구와 타협하며 아이와 소통의 과정을 만들어나간다. 거기에 이기고 지고의 치킨 게임 같은 건 없다. 무시무시한 눈으로 울고 있는 아이를 노려보고만 있는 그 아빠들이 이제는 자신의 무지와 그 무지로 인한 부적절한 감정을 아이에게 강요하는 어리석음에서 벗어날 수 있으면 좋겠다. 그렇게 노려보는 아빠를 바라보는 아이의 아픈 마음이 느껴져야 진짜 아빠가 되는 것이리라.

몸이 함께여야 하는데 마음만 함께

어떤 교회에 신앙심 가득한 장로님이 있었다. 교회에서도 늘 존경받는 이 장로님에게 요즘 단 한 가지 어려움이 있다면, 사업상 어쩔 수 없이 주일에 골프를 치게 된다는 점이었다. 어느 주일 새벽, 아무도 모르게 골프 백을 들고 자동차에 오르려는데 새벽기도를 끝내고 들어가시는 담임목사님을 마주치게 되었다. 목사님이 먼저 한마디 하신다.

"장로님. 새벽에 바쁘신가 봅니다. 어디 가세요?"

"네, 목사님. 제가 사업을 하다 보니 어쩔 수 없이 오늘 골프를 치러 나가게 되었습니다."

그리고 엉겁결에 자신도 모르게 한마디 덧붙였다.

"목사님. 제가 사업 때문에 정말 어쩔 수 없이 몸은 골프장으로 가게 되었습니다만, 제 마음만은 교회에 있습니다. 목사님, 제 마음 아시지요?"

그 말을 들은 목사님이 웃으면서 이렇게 말했다.

"네, 장로님. 제가 장로님 마음을 모르겠습니까? 장로님 마음 잘 압니다. 하하하. 그런데 그거 바꾸시면 안 되겠습니까? 저는 장로님 마음은 상관하지 않을 테니, 몸은 교회에 두시고 마음만 골프장으로 가시면 어떻겠습니까?"

이 이야기가 의미하는 건 명확하다. 몸이 함께하지 않는 마음이란 사실은 함께하지 않는 것이다. 우리가 흔하게 내뱉는 '마음만은 당신 곁에 있다'는 주장은 사실은 핑계에 불과하다.

어떤 남편이 늘 아내에게 이렇게 이야기한다고 생각해보라. 이게 무슨 말인지 쉽게 이해할 수 있을 것이다.

"여보. 내가 몸은 비록 밤마다 다른 여자에게 가 있지만, 내가 사랑하는 사람은 오직 당신뿐이야. 내 마음은 당신만을 사랑해."

늘 '마음만' 함께하려는 아빠

생각지도 못하는 무수히 많은 바쁜 일들이 늘 우리 삶을 마구 침범한다. 늘 바쁘고 또 바쁜 일상을 살아가는 우리에게 가족은 자신을 가장 사랑하고 이해해줄 수 있는 존재이기에 삶의 우선순위에서 제외되는 경우가 참 많다.

"내가 몸은 지금 함께하지 못하지만, 마음만은 늘 가족과 함께 있어. 다들 내 마음 잘 알지?"

그럴 때 아이가 이렇게 이야기하는 거다.

"아빠. 아빠가 우리를 사랑하는 그 소중한 마음 너무 잘 알아요. 그래서 말인데요. 그거 바꾸시면 안 될까요? 아빠 마음은 저 바깥으로 보내시고, 몸은 우리와 함께해주세요."

우리 시대 바쁨은 일상이다. 그 일상은 작정하고 대책을 세우지 않으면 늘 우리 삶을 침범하고 때로 소중한 관계를 엉망으로 만들어놓기도 한다. 그 피해의 대표적인 대상이 바로 가족이다. 가족을 포기하고 간 그 자리와 그 일은 나중에 생각해보면 꼭 참석해야 할 자리도 아니었고, 꼭 해야 할 일도 아니었다. 그저 무언가 쫓기는 듯하던 삶의 과정에서 그렇게 느껴졌을 뿐이다. 그건 내가 그 일상과 마주하며 무엇이 정말 중요한 것인지를 적절히 계산해볼 여유를 가지지 못했기에 일어난 일이기도 하다. 물론 계산한다고 다른 결과를 얻기 쉽지 않은 것이 우리네 삶이고, 사실 그렇게 계산할 여력을 가지는 것도 쉽지 않다.

이런 이야기를 하다 보니 문득 30대 후반 아빠 내담자였던 상호씨가 떠오른다. 상호씨가 상담을 신청한 이유는 부부관계의 어려움이었다. 그러나 그 상담의 과정에 아이의 이야기가 빠질 수 없는 것은 당연하다.

아이는 여섯 살 남자아이로, 걸음마를 하면서부터 마구 뛰어다니기 시작한 아이의 남다른 건강함은 엄마와 아빠 모두를 지치게 했다. 아이는 손을 놓으면 아무 곳으로나 뛰고 달려 부모를 깜짝깜짝 놀라게 했고, 늘 사고의 위험과 마주하며 가슴을 쓸어내리게 했다. 그러니 엄마는 아이와 하루를 보내는 게 너무 버겁기만 했다. 그나마 네 살 때부터 보낸 어린이집은 유일하게 엄마가 숨 쉴 수 있는 시간을 주었는데, 이런저런 말썽을 피우고 연락이 오면 당장 달려가야 했기 때문에 그마저도 편안한 시간은 아니었다.

그런데 아빠는 아이와 놀아주는 것을 사실 피하고 있었다. 늘 이런저런 핑계로 집에 늦는 일이 많았고, 아이 엄마는 그게 너무 힘들었다. 늘 '마음만 함께하려는' 상호씨에 대한 아내의 인내는 어느덧 바닥을 드러냈고, 아내 마음속에는 분노가 쌓여가고 있었다. 그 분노가 터져나오면 부부싸움이 되었고, 그 싸움은 서로에게 아픈 상처를 주는 악순환이 3년 동안 반복되는 중이었다.

부부관계에 대한 상담의 주제는 어느덧 '무엇이 상호씨가 아이와 놀아주는 것을 힘들게 했을까?'로 살짝 바뀌었다. 상호씨는 쉽게 이에 대한 이야기를 하지 못했다. 가장 중요한 이유는 그게 무엇인지 스스로도 잘 모른다는 것이었고, 그게 문제라는 것을 인식한 후에는 죄책감 때문이기도 했다.

그러던 어느 날, 조그마한 실마리가 튀어나왔다. 바로 아이의 모습에서 자신의 모습이 보인다는 상호씨의 말이었다. 고집스럽고, 쉽게 짜증 내고, 금방 싫증 내고 다른 것을 달라고 조르는 모습, 그래서 아버지에게 많이 혼나고 울곤 했던 상호씨 자신의 모습이었다.

그냥 아빠 마음대로 해

가끔 아이를 두셋 키우는 아빠들에게 이런 이야기를 듣는다. 둘째는 너무 예쁘고 사랑스러운데 첫째는 영 그렇지 않다는 것이다. 사실 아빠는 그런 첫째에게 자신의 모습을 보고 있는 경우가 많다. 그래서 그 아이를 보는 게 힘들어서 피하게 된다. 아이에게 나와 똑같은 모습이 보이면 더 사랑스럽고 뿌듯할 것 같기도 하지만, 그건 그 모습이 좋은 모습일 때 그렇다. 그런 아빠들이 아이에게서 보는 자신의 모습은 자신도 늘 피하고 싶던, 인정하고 싶지 않고 숨기고만 싶던 모습이다.

사실 아빠는 결코 아이가 싫은 것도, 아이를 거절하는 것도 아니다. 자신이 숨기고 싶던, 인정하고 싶지 않던 자신의 모습을 보고 싶지 않고, 그것이 싫어 거절하는 것이다. 그 거절은 때로 아이에 대한 폭력과 폭언으로 나타나기도 하고, 다른 아이들과의 사이에서 명백한 차별로 드러나기도 한다. 똑같은 내 자식인데 무엇이 다르겠냐고 하지만 사실은 그렇지 않다. 문제가 생기면 첫째에게는 더 화가 난다.

문제는, 아빠는 꾹꾹 눌러 참는다고 하지만 아이들은 그것을 이미 느낀다는 것이다. 그런 과정이 반복되면 아빠와 아이 사이에는 이미 거리가 생기기 시작한다. 대부분 아빠는 아이에게 잘하려고 노력하지만, 결정적일 때 아이에게 상처를 주는 경우가 많다. 그리고 그런 과정은 무의식적으로 진행된다. 무의식적이라는 것은 스스로 컨트롤할 수 있는 게 아니라는 의미다. 상호씨에게는 그 아이를 피하는 방법이 '마음만 함께'였다. 의식적으로 '나는 아이가 보기 싫으니 맨날 다른 약속을 잡아야지'라고 생각해서 그렇게 하는 것이 아니라, 무의식적으로 그렇게 한다는 뜻이다.

다시 말하지만, 사실 아빠가 보는 것은 아이가 아니라 아빠 자신의 모습인 경우가 많다. 이를 상담학적 용어로 '투사'라고 한다. 투사란 단순하게 말하자면 내가 피하고 싶거나 결코 인정하고 싶지 않았던 나의 모습을 상대의 모습 위에 덧씌우는 것이다. 그리고 그렇게 덧씌워진 상대를 비난함으로써 자신을 지키는 것이다. 어떤 위기가 오는 것을 느끼는 '자아'가 상황에 대한 이해를 왜곡시킴으로써 위기를 벗어나게 하는 다양한 방법을 '방어기제'라고 하는데, 그 방어기제의 핵심적 요소가 바로 투사다. 물론 이는 지금의 위기를 잠깐 벗어나는 것일 뿐 문제를 해결하는 것은 아니다.

어느 날, 모처럼 아이와 함께 쇼핑몰에 간 상호씨는 나름 즐거운 마음에 아이가 좋아하는 맛있는 메뉴를 사주기로 했다. 그런데 아이는 살짝 아빠 눈치를 보며 표정이 굳어 있다. 기분이 별로였는지, 무엇을 먹고 싶냐는 아빠의 질문에 묵묵부답이다. 어쩌면 이제껏 자기가 무엇을 먹고 싶다고 했을 때 그게 수용된 적이 별로 없었을 수도 있다.

"그냥 아빠가 알아서 해."

아이는 계속 같은 말을 반복한다. 상호씨는 슬며시 화가 올라오기 시작한다. 이 정도는 꽤 많은 아빠들이 겪는 일이지만, 상호씨에게는 조금 달랐다.

상호씨는 아버지에게 언제나 인정받지 못하는 아들이었다. 상호씨 아버지는 상호씨의 어떤 부분을 늘 불편해했고 상호씨를 야단쳤다. 그 핵심에는 아이가 늘 미적미적하고 동작이 느리고 자신의 생각을 당당히 이야기하지 못한다는 아버지의 편견이 있었다. 아버지는 늘 직선적이고 당당하게 하고 싶은 말을 다 하는 사람이었다. 그리고 자신의 자녀들도 그러기를 바랐다. 아버지가 조금만 참아주고 이해해주고 견뎌주었더라면 상호씨가 좀 더 당당히 자신을 표현할 수 있었을 것이라는 아쉬움이 있지만, 어쨌든 상호씨의 어린 시절은 그랬다.

그런 아버지가 가끔 호의를 베푸는 말이 바로 '네가 먹고 싶은 거 사줄게'였다. 상호씨는 그런 아버지의 호의를 제대로 받아들일 수가 없었다. 아버지와 뭘 먹는 것 자체도 불편했지만, 그래서 뭔가 이야기를 했다가는 '고작 그런 걸 고르냐'고 한소리 들을 게 뻔했기 때문이다. 그래서 아버지의 그 호의에 상호씨가 늘 했던 말이 바로 '아버지가 좋아하는 거'였다. 지금 상호씨에게 들리는 아들의 '아빠가 알아서 해'는 상호씨가 오래전에 아버지에게 했던 말과 똑같았다. 그 말은 상호씨의 아버지를 화나게 하고, 그래서 아버지에게 야단맞게 하고, 상호씨를 힘들게 했던 말이었다. 그리고 지금 이 자리에서 상호씨는 아들로부터 바로 그 말을 듣는 것이었다.

상호씨에게 아버지로부터 인정받지 못했던 자신의 모습은 때로 수치스럽고 완전히 잊고 싶기만 한 자신의 모습이었다. 그런 모습이 문득 드러나게 되었을 때 상호씨는 그렇게밖에 하지 못한, 그렇게 바보 같던, 좀 더 의미 있게 반응하지 못했던 자신에게 분노했다. 그리고 그 분노는 자신을 대신해 그 말을 하는 아이에게로 향했다. 사실은 아이의 모습에서 자신의 모습을 보는 것이다.

아이와 함께하기 위해 필요한 것

마음이 아니라 몸이 함께여야 진짜다. 몸이 맞닿아 서로의 감촉을 느끼고, 눈을 마주치고, 손을 잡고, 함께 밥을 먹고 노는 것처럼 소중한 삶의 과정은 없다. 그런데 바쁜 현대인들에게는 그게 참 많이 어렵다. 그래서 억지로 시간을 만들고 더 많은 시간을 가족과 함께해야 한다. 단순히 시간을 내고 경제적인 부분을 해결함으로써 몸과 마음이 함께할 수 있는 건 아니다. 아빠가 자신도 모르게 가지고 있는 마음의 어떤 것이 아무것도 모르고 자신을 드러내는 것일 뿐인 아이로 인해 자극되고, 그래서 자신도 이해하지 못하는 분노를 드러내게 되는 과정이 더 문제다. 어떤 가정은 이런 과정이 반복되는 나머지 가족들이 '아빠는 마음만 함께이기를' 오히려 바라기도 한다. 참 마음 아픈 일이다. 그렇게 마음의 선을 긋고 사는 가족과 아빠들의 아픔이 느껴져서이리라.

결국 상담이 진행되며 상호씨와의 상담 주제는 상호씨 자신을 수용하는 것으로 변화하였다. 피하고만 싶던 자신의 모습과 마주할 수 있는 용기를 가지게 하는 것, 그리고 나아가 자신을 있는 그대로 용납하고 수용할 수 있도록 하는 것이 목표가 되었다. 그 과정은 상호씨에게 많은 변화를 가져다주었다.

무엇보다 큰 변화는 아이를 아이 모습 그대로 보게 되었다는 점이다. "아빠가 알아서 해"라고 말하는 아이에게 상호씨는 "그래, 좋아. 아빠가 맘대로 할 테니 너 후회하면 안 된다"라고 말할 수 있게 되었다. 아이를 작은 어른이 아니라 결정하기 어려워하는 어린아이, 하지만 여전히 사랑하는 소중한 내 아이로 보게 되었다는 의미다. 상호씨는 아이에게서 더는 자신을 보지 않게 되었다.

몰랐다,
그러나 모르면 안 되는 것이었다

그 아빠는 그걸 모르고 그렇게 살아왔다. 자신이 지금 무엇을 하고 있는지, 무엇을 아이들에게 주고 있는지 몰랐다. 그 모름이 아이를 얼마나 아프게 하고 힘들게 하는지, 그 모름이 자기 가족을 얼마나 할퀴고 물어뜯어 상처를 내고 있는지, 그는 몰랐다. 그는 정말 몰랐다.

몰랐다고 해서 편들어주고, 눈감아주고, 너그럽게 넘어가주어야 한다고 말하는 것은 아니다. 아빠라는 소중한 역할을 수행하기 위해서는 모르면 안 되는 많은 것이 있다. 아빠는 반성하고 또 반성하며 자신의 삶을 돌아보고 부족함을 채워 넣으려는 마음가짐을 가져야 한다.

세상은 내 마음대로 되지 않는다. 어떤 아빠들에게 그렇게 쉽지 않은 세상은 미진한 아빠 역할의 핑계가 되기도 한다. 그 세상 속에 사랑하는 내 아이가, 그러나 아빠 마음대로는 살아 주지 않는 내 아이가 있다.

아빠라는 역할이 너무 어려워 도망가는 아빠들도 있다. 그들은 도망가며 핑계도 대고 자신의 부족함을 자책하기도 한다. 그들에게는 변화와 회복과 성장의 가능성이 있다.

그런데 때로 아빠라는 역할에 너무나 무지한 나머지 핑계조차 생각지 않는 아빠들도 있다. 그들은 자기 삶의 영역에서는 상황과 환경에 굴복하거나 포기할 줄 안다. 세상은 만만하지 않고 적절한 타협이 필수라는 걸 알기 때문이다. 그런데 아빠 역할에 대해서만큼은 굴복도 포기도 없다. 아이들에게는 아빠에 대한 절대적 순종만이 요구될 뿐이다. 아이들이 자랄수록 아빠와 소통하지 못하게 되는 건 너무나도 당연하다.

침묵하는 아이

이렇게 저렇게 나를 찾아온 그 아이는 고등학교 2학년이었다. 아이는 무척 마음이 상해 있었지만, 그것을 적절히 표현하지 않았다. 아니, 사실은 듣는 사람이 아무도 없었다는 말이 더

적절할 것이다. 아무도 자기 말을 듣지 않는다는 인식을 가질 때부터 아이는 그저 침묵했다.

처음에는 온라인을 통한 화상 상담으로 시작했지만, 두 번째 만남 이후에 대면 상담을 제안했다. 만나야만 하는 이유가 너무나도 절실한 아이였기 때문이다. 다행히 아이는 거부하지 않았다. 거부하지 않은 그 자체만으로도 회복에 대한 기대를 가지게 하는 소중한 시작이었다.

아이는 우울했다. 무엇이 이 아이를 이렇게 우울하게 한 것일까? 아이가 가지고 있는 우울의 한가운데에는 무기력감이 있었다. 아이는 나와의 대화에서도 무기력하게 반응했다. 목소리에는 힘이 하나도 없었다. 선생님에게도, 친구들에게도, 누나와 형에게도, 엄마에게도, 아빠에게도, 아이는 지독히도 무기력했다.

중학교 2학년 때 아이는 왕따를 당했다. 어떻게 왕따를 당했는지, 그게 얼마나 힘들었는지를 묻는 나에게 아이의 말은 좀 의외였다. 아이에게 왕따 자체는 조금 아프기는 했지만 그렇게 힘든 건 아니었다. 그냥 그러려니 하고 하루하루를 견디다 보니 어느덧 한 학기가 지났고, 가해자들이 보기에 도무지 반응이 재미없는 이 아이에 대한 왕따는 그렇게 끝났다.

"부모님은 그걸 아시고 어떻게 하셨니?"

"모르셨어요."

"모르셨다고?"

누나가 자기를 대신해 몇 번 이야기했지만, 아빠 반응은 심플했다. 그 정도는 스스로 이겨내야 한다는 것이다. 그때가 중학교 2학년이었다. 이후 누나는 대학에 진학하며 기숙사로 들어갔고, 형은 가출하여 지금까지도 집에 들어오지 않았다. 그렇게 왕따에 대한 이야기는 지나갔다.

폭력에 대처한 엄마의 자세, 그리고 속마음

아이의 엄마도 아빠의 그런 면을 알고 있었고, 아빠의 방식에 동의한다고 말했다. 사실 좀 석연치 않은 부분이 있었다. 상담이 5회기가 넘으면서 나는 아이 부모님에게 방문을 요청했다. 아이의 사정으로 13회기로 상담이 끝날 때까지 아빠는 결국 오지 않았고, 엄마는 9회기에 단 한 번 왔다. 그리고 그 자리에서 자신의 가정이 너무나 행복하다고 강조했다.

아빠는 아이들을 많이 때렸다. 엄마는 늘 그 체벌의 현장에서 옆에 있었다. 그러나 아빠의 폭력을 제지하지도, 아이들 편을 들어주지도 않았다. 그저 옆에 있을 뿐이었다. 그 폭력에 아파하고 억울해하는 아이들을 위로하고 감싸주고 수용해주지도 않았다.

밥을 먹다가 김치를 더 많이 먹으라는 아빠 말에 아이들이 안 먹겠다고 투정을 부렸다. 형이 초등학교 3학년, 아이가 초등학교 1학년이었다. 아빠는 세탁기와 수도관을 연결하는 호스로 아이들을 때렸다. 그런 폭력은 일상이었다. 결국 형은 고등학교 1학년 때 또 폭력을 행사하던 아빠에게 대들고 집을 나가버렸다. 엄마와는 연락했지만, 엄마가 형을 찾아 집으로 데리고 들어오지는 않았다.

그 엄마가 나와 이야기하면서 계속해서 강조했던 이야기가 바로 아빠가 아이를 너무나 사랑한다는 것이었다. 체벌은 아이를 잘 키우기 위한 아빠의 방식이며 결코 심한 것은 아니라고 말이다. 아빠는 한 직장에서 20년 가까이 근무하는 회사원인데, 직장에서 좋은 평가를 받고 상도 많이 받은 훌륭한 사람이었다. 특히 인간관계가 좋아 사람들에게 든든한 동료이자 부하직원이자 상사라고 했다. 고객들에게도 좋은 평가를 받아 고객 서비스 상을 두 번이나 받았다. 엄마는 그런 훌륭한 아빠가 아이를 잘 키우기 위해 하는 모든 행동을 옹호했다. 상담사인 내가 혹여 아빠에 대해 왜곡된 생각을 가지게 되는 것을 염려하면서 말이다.

나는 아이 엄마의 이야기를 들으며 그 속에 진심이 있다고 느꼈다. 그녀는 아이 아빠를 진심으로 그렇게 생각하고 있었다. 문제는 그 진심이 아내가 남편에게 가지는 종류의 것이라는 점이다. 그것이 아빠가 '좋은 아빠'임을 뒷받침해주지는 못한다. 아이 엄마는 아빠의 과도한 체벌에 대해, 왜 아빠가 아이들에게 그렇게 대하는지 의문을 가졌어야 했다. 피가 나도록 맞아 펑펑 울며 벌벌 떨고 있을 초등학생 아이들을 위해서는 더더욱 그랬어야 했다. 엄마는 아빠의 아이를 향한 사랑이 옳다고 생각하지만, 그건 아빠를 향한 엄마의 마음일 뿐이었다.

아이는 학교가 끝나면 집으로 와 저녁을 먹고 자기 방으로 들어간다. 그리고 아침 6시 30분에 엄마가 깨우기 전까지 그 방에 혼자 있는다. 아이는 보통 새벽 3시가 넘어서야 잤다. 8시부터 새벽 3시까지 그 긴 시간을 뭘 하며 보내냐고 묻는 상담사의 질문에 아이는 딱히 대답할 말이 없었다. 정말 없었다. 아무것도 하지 않았으니까. 그러다 문득 자신이 의미 없는 존재라고 느껴질 때 아이는 커터 칼로 자기 손목을 그었다. 아파서 동맥까지 더 세게 그을 수는 없었다. 그런 날은 휴지로 손목을 누르고 그렇게 잠이 들었다. 한여름에도 아이는 칼로 그은 손목의 자국을 들킬까봐 긴팔을 입고 다녔다. 그리고 나는 아이의 그 가슴 아픈 시도가 세 번 실패한 걸 알게 된 세상에 유일한 사람이었다. 엄마와 아빠는 몰랐다. 나는 아이의 손목을 잡고, 그 아이의 무기력과, 외로움과, 오롯이 혼자 그 시간을 견뎌야 했을 아픔에 함께 한참을 울었다.

그 아빠가 아이를 사랑하는 법

아이를 잘 키우기 위해 늘 아이의 일거수일투족에 관심이 많고, 고쳐야 할 행동에 강하게 개입하는 이 아빠는 대체 어떤 사람일까? 아빠는 아이가 세상에서 건강하게 자기 삶을 살도록 하는 것을 목표로 했다. 아빠는 아이를 정말 사랑했고, 아이를 정말 잘 키워내고 싶었다. 그런데 무엇이 잘 키우는 것일까? 아빠는 아마 아이가 자신처럼 살기를 원했을 것이다. 그런 삶이 무엇인지 물어보고 아이와 이야기를 나눠보게 하기 위해 아빠가 꼭 와주기를 바랐지만, 그렇게 되지 못해 답을 들을 수 없었다.

얼굴도 보지 못하고 통화 한번 해보지 못한 그 아빠가 어린 시절 부모로부터 어떤 상처를 받았고 그게 지금 어떻게 작용하고 있다는 이야기 같은 건 오늘의 논의에서 제외하려 한다. 그저 엄마를 통해 들은 아빠에 대한 단 하나의 이야기, 그가 모든 사람에게 좋은 사람이라는 그 한 가지만 마음에 깊이 남았다. 직장의 상사와 동료와 후배들에게 좋은 사람인 것도 모자라, 그는 직장과 관련된 고객에게도 좋은 사람이었다.

사람은 누구나 방어기제라는 무의식적 도구를 사용한다. 이는 두렵거나 불쾌한 상황 등 여러 부정적 상황에 놓이게 되는 자신을 지키기 위해 무의식적으로 취하는 행동이다. 갑자기 눈을 향해 누군가가 손가락을 뻗으면 반사적으로 눈을 꼭 감는 인체의 반응과 비슷하게, 우리 마음에 칼이 겨누어지면 마음은 자동으로 방어기제를 실행한다. 억압, 반동형성, 투사, 치환, 퇴행, 승화, 부정, 합리화 등이 그것이다.

여우가 포도나무 아래에서 포도가 떨어지기를 하염없이 기다리다가 저 포도는 신 포도가 틀림없다며 포기하고 돌아서는 것이 합리화다. 우리는 늘 우리 삶의 다양한 영역에서 상황과 자신을 합리화하며 산다. 합리화라는 방어기제는 내가 원하는 일이 이루어지지 않을 때 얻게 될 아픔에 대응하는 무의식적인 마음의 행동이다. 시험에 떨어지면 '아, 사실 난 그냥 연습 삼아 지원한 거였어. 원래 기대도 안 했다고'라거나 '저런 곳은 사실 합격해도 너무 힘들어서 금방 나오게 될 거야'라고 생각하는 것이 하나의 예다. 찾아올 좌절과 절망에서 벗어나고자 하는 자연스러운 우리네 삶의 모습이다.

종로에서 뺨 맞고 한강에서 화풀이한다는 설명과 잘 어울리는 '치환'이라는 방어기제도 있다. 종로에서 뺨 맞는 약자인 자신의 마음에 쌓인 억울함과 분노가 한강으로 대변되는 약자들 앞에 강자로 군림하며 화풀이를 한다는 것이다. 이해는 가지만, 이는 애꿎게 화풀이 대상이 된 약자들에게 또 다른 억울함과 분노를 가지게 만든다.

방어기제 자체는 나쁜 게 아니다. 오히려 인간은 방어기제를 사용함으로써 자신을 적절히 보호하며 살아간다. 또한 방어기제는 우리 의식이 이해하거나 인식하지 못하는 무의식의 영역에서 일어난다는 점에 주목해야 한다. '아! 내가 지금 시험에 떨어졌는데 합리화를 하고 있구나'라고 스스로 생각하고 있다면, 이미 그것은 방어기제가 아니다. 사람들은 합리화를 위해 이것저것 구차한 설명을 하고 자신의 분노를 약자에게 쏟아내지만, 이것을 자기 내면의 역동이라 생각하지는 않는다. 그게 방어기제다.

그 아빠의 방어기제가 아이에게 미친 영향

합리화와 치환이라는 이 두 가지 방어기제는 아이의 아빠가 무의식적으로 사용하는 방어기제일 가능성이 크다. 아이에 대한 폭력과 그 폭력에 대한 아무런 후속 조치가 없다는 것이 그걸 증명한다. 그 폭력의 이유가 불분명한 것도 이를 뒷받침하고 있다. 김치나 콩나물을 먹지 않는 것이 밥 먹다 고무 호스로 맞을 일은 아니지 않은가? 그것도 초등학교 저학년 아이들에게 말이다.

대부분의 아빠는 그것이 언어폭력이든 물리적인 폭력이든 간에 감정적으로 고조되어 폭력을 행사하게 되었다면, 이에 대한 죄책감을 가진다. 그리고 선물과 용돈으로 아이에게 환심을 사려 한다든가 엄마를 보내 아빠의 마음을 전하고 아이의 마음을 다독이려고 한다. 이 아이의 아빠가 아이와의 화해에 전혀 나서지 않는다는 것은 이 폭력에 대한 합리화가 명확하기 때문이다. 아빠는 정말 아이를 사랑하고 아이를 잘 키우기 위해 매우 적절한 훈육을 한 것이라고, 폭력에 대한 정당성을 스스로 확고히 가지고 있는 경우다. 그러니 그런 폭력이 있을 때마다 노력해야 하는 것은 '그토록 좋은' 아빠의 '그토록 좋은' 훈육을 받은 아이들의 몫이 되고 만다.

모든 사람에게 좋은 사람이 되는 것이 얼마나 힘든 일인지 아는가? 그건 사실 힘든 일 정도가 아니라 불가능한 일이다. 어딜 가나 나를 싫어하는 사람은 반드시 있다. 그건 나의 어떠함이 아니라 그 사람의 어떠함이다. 또한 모든 사람에게 좋은 사람이 된다는 것은 그 모든 사람에게 그들이 원하는 대로 아무런 갈등 없이 그것을 해주는 사람이라는 의미인데, 그건 다시 말하면 자기가 원하고 바라는 것들은 철저히 숨기고 오로지 상대에게 자신을 맞추는 방식으로 살아가고 있다는 뜻이다.

이 아빠는 그런 사람이었을지 모른다. 그렇게 다른 사람에게 맞추어 자신의 욕구를 참고 사는 것이 정말 행복하고, 아무런 문제가 없는 사람이 혹시 있을지도 모르겠다. 하지만 대부분의 사람은 그렇지 않다. 다른 사람에게 좋은 사람이 되기 위해 노력하는 삶을 사는 사람은 마음속에 그들을 향한 증오와 짜증, 울분, 미움, 원망 등을 쌓아놓게 된다. 그리고 그 부정적 감정들은 무의식적으로 치환이라는 방어기제를 사용할 동력이 된다. 한강에서 이를 수용해줄 대상을 찾게 되는 것이다. 그 대상이 나보다 강하거나 뒤끝이 있는 존재라면 치환의 대상이 되지 못한다. 치환의 대상은 나보다 훨씬 약한 존재여야 한다. 그 대상의 대부분은 안타깝게도 자기가 마음대로 할 수 있고 자신보다 훨씬 약하며 내가 무슨 짓을 해도 보복을 두려워하지 않아도 되는 존재, 바로 '가족'이 되기 쉽다.

그 아빠는 아이들에게 폭력을 행사하면서도 그것이 아이들을 위한 아빠의 사랑이라고 확신한다. 그러나 사실 아빠는 아이에게 치환이라는 방어기제를 사용하여 자신의 욕구를 아이에 대한 폭력으로 충족시키는 것이다. 그리고 그러한 폭력이 마음에 죄책감으로 남을 것에 대한 불안을 아빠의 올바른 훈계라는 '합리화라는 방어기제'를 통해 정당화하고 있을 뿐이다.

독자 여러분은 내가 생면부지, 얼굴도 보지 못한 이 아이의 아빠에 대해 과도하게 부정적으로 표현하고 있다고 느낄지도 모르겠다. 그러나 '모르면 안 되는 것'이라는 이 글의 주제를 전달하기 위해 하나의 예를 든 것임을 이해해주시기 바란다. 아이의 아빠 스스로는 인식하지 못하고 있지만, 그 행동이 아이들에게 미치는 결과는 참담하다. 그 아빠의 알지 못하고 배우지 못하고 관심도 없는, 자신에 대한 무지함은 아이를 지독하리만큼 아프고 슬픈 희생양으로 만들어버렸다. 아직도 그 아빠는 모른다. 그러나 아이를 사랑하고, 아이의 아빠 역할을 하겠다고 한다면, 그건 모르면 안 되는 것이다.

아빠라면 정말로 모르면 안 되는 것들

부모의 폭력은 아이를 두 가지 결과로 이끈다. 첫째는 강력하게 반항하여 자신의 삶을 망가뜨릴 때까지 부모와 투쟁하게 하는 것이다. 언제나 말 잘 듣고 착하기만 한 줄 알았던 아이는 사실은 어쩔 수 없었기 때문에 참고 견디고 있을 뿐이다. 차라리 차가운 바닥에서 한겨울을 보내더라도 그걸 감당하겠다고 생각하는 순간, 아이는 모든 것을 날려버린다.

또 다른 하나는 아이를 무기력하게 만드는 것이다. 그 무기력감은 아이가 아무것도 하지 못하게 한다. 시키는 대로 학교에 가고, 시키는 대로 먹고, 시키는 대로 책상에 앉아 있는다. 아이는 자신이 왜 여기에 있는지, 여기는 어디인지 인식하지 못한다. 그 자리가 내가 있어야 할 자리라고 느끼지 못한다.

그런 아이에게 생존의 과정, 삶을 의미 있게 살아내기 위한 명분으로 강요되는 모든 시도는 무의미하다. 생은 살기 위한 것이 아니라 죽기 위한 과정이고, 매일의 한 걸음은 무의미함을 벗어나기 위한, 죽음으로 향하는 길일 뿐이다. 무기력은 모든 것을 무의미하게 만들고, 그래서 그 무기력은 두려움을 없앤다. 어떻게 되어도 괜찮기 때문에 그 아픔과 상처에서 도망치고 싶어 하는 것이 아니라, 오히려 좀 더 강하고 강력해서 결국은 나를 죽게 만들 수 있기를 바란다.

아이는 그냥 아무 데나 던져놓는다고 해서 스스로 자라지 않는다. 길을 만들어주고 이끈다고 그렇게 성장하는 것도 아니다. 그래서 부모가 아이를 키우는 건 끊임없는 싸움이자 새로운 영역에의 도전이다. 정확하고 분명한 내비게이션이란 원래부터 없는 것이다. 매일 마주하는 낯선 자리에서, 주어진 환경과 상황에 나 자신과 우리를 맞추어야 한다.

환경과 상황은 내가 통제할 수 있는 영역이 아니다. 아이도 내가 통제할 수 없다. 그렇기에 그 상황과 환경에 맞서거나 순응하거나 하는, 아이에게 반응하는 '나'라는 존재에 대한 이해가 아빠들에게 필요하다. 모든 것을 다 알 수는 없지만, 적어도 알려고 노력해야 한다. 매일 마주하는 낯선 자리들을 언제나 '몰랐다'는 핑계로 넘어가려 하는 것은 그야말로 나쁜 것이다. 아이의 존재에 너무나도 큰 영향을 미치는 아빠에게 그 '나'에 대한 무지를 벗어나려는 노력, 그래서 '모르면 안 되는' 것들에 조금씩이라도 다가서보려 힘쓰는 노력이 절실히 필요하다.

13회기를 끝으로 아이와의 상담은 종결되었다. 아이는 주변 친구들과 관계를 맺기 시작했고, 대학 진학에 대해 고민하기 시작했다. 아이에게 자신의 삶에 대한 욕심이 일어나기 시작한 것이다. 아빠는 전혀 변하지 않았지만, 아이는 자신을 짓누르던 무기력에서 벗어나기 시작하고 있었다.

피치 못하게 상담을 종결하며 나는 내 개인 연락처를 아이에게 주었다. 언제든 필요하면 날 찾으라 했지만 아이는 더는 날 찾지 않았다. 모든 것이 다시 원래대로 돌아가버렸는지, 아니면 자신의 삶에 대한 소중함을 생각과 행동으로 의미 있게 만들어가고 있는지 나는 모른다. 그저 후자가 되어 있기를 간절히 기도할 뿐이다.

Part 3.

좋은 아빠 말고 그냥 아빠면 충분합니다

이해와 사랑으로 완성하는 아빠 마음 테라피

그냥 자연스럽게 되는 일은 없다

진심을 전하는 것처럼 어려운 일은 없다. 사실 진심은 말로 전해지지 않는다. 말은 도구일 뿐, 그 자체가 진실이 될 수는 없기 때문이다.

아빠들이 아이와의 관계에서 겪는 가장 큰 어려움은 바로 이 진심을 의미 있게 전달하는 능력의 부재로부터 시작된다. 살짝만 어긋나도, 살짝만 비껴가도 서로의 의도와 생각은 전혀 다른 내용과 느낌으로 상대에게 전달되곤 한다. 그렇게 한 번 어긋나버린 관계를 다시 이전처럼 회복하는 것은 사실상 불가능하다. 서로 이해하고 수용함으로써 한 걸음씩 앞으로 내딛는 게 최선이다. 상처는 어딘가 생채기를 내고, 그건 사라지지 않는다. 그러나 다행히도 그 상처를 감싸 안으며 더 소중한 관계를 만들어가는 것은 가능하다.

그냥 자연스럽게 되는 일은 없다. 특히 관계와 관련된 문제에 직면했을 때 더욱 그렇다. 우리는 그런 문제에 부딪혔을 때 무언가를 '해야만' 한다. 때로 그건 좀 창피한 일일 수도 있고, 얼굴에 소위 '철판을 깔아야' 하는 것일 수도 있고, 자존심을 좀 접고 고개를 숙여야 하는 것일 때도 있다. 때로 밤을 새우며 치열하게 고민하고 만들어가는 것이기도 하고, 하염없이 눈물 흘리며 마음의 무너짐을 그저 견뎌야 하는 것일 수도 있다. 그게 무엇이든, 관계의 회복은 절대로 그냥 자연스럽게 이루어지지 않는다.

그걸 잘 몰라서 그렇게 아파하고 힘들어하는 아빠들이 있다. 아이들을 사랑하지만, 그 사랑은 때로 왜곡되고 때로는 무시되곤 한다. 손을 내밀었다가 무안하게 타박받기도 한다. 그럴 때 아빠들은 아프고 힘들다. 그렇지만 그래도 아빠는 아빠이기에 여전히 무엇인가 해야만 한다. 그냥 자연스럽게 되는 일은 없기 때문이다. 그저 가만히 있으면 모든 것이 제자리로 돌아오겠거니 하는 소박한 생각은 시간이 지날수록 더 나쁜 결과를 만들어내곤 한다.

물론 엄마의 사랑도 가끔 그렇게 왜곡되고 변형되어 느껴지기도 하지만, 아빠의 사랑은 그 왜곡이 더 심하다. 왜일까? 일단 아이와 엄마의 관계는 좀 더 친밀하고 가깝다. 생물학적으로도 그렇고, 발달심리학적으로도 그렇다. 아무도 이에 대해서는 이의를 제기하지 않는다. 그러니 일단 아빠는 바둑으로 치면 다섯 점 정도는 지고 들어가는 것이다.

게다가 아빠와의 대화는 엄마와의 대화보다 훨씬 매끄럽지 않다. 남성성과 여성성의 차이에서 그 이유를 찾아야 할지는 모르겠다. 남자는 이렇고 여자는 이렇다는 편 가르기를 하려 함은 아니다. 또한 아이를 엄마가 책임지고 길러야 한다는 고리타분한 주장을 하고자 함도 절대로 아니다. 그러나 인간의 성장에 애착이 중요하다고 주장하는 많은 연구가 엄마와의 애착에 초점을 두고 있다. 아이의 성장 과정에서 아빠와의 관계는 자연스럽게 만들어지는 것이라기보다는 애써 만들어야 할 걸음걸음에 가깝다.

그래서 아빠는 아이와의 관계에 있어 아이의 성장에 따라 거치는 다양한 변화에 좀 더 예민하고 전략적으로 대처해야 할 필요가 있다. 아이들과의 관계는 한순간에 무너져버리곤 한다.

그래서 정말 노력하고 힘써야 하며, 심지어 배워야 한다. 한번 관계가 무너지면, '넋 놓고 있다가는' 아빠와 아이 모두 힘들어지고, 관계는 걷잡을 수 없이 파국으로 치닫게 된다.

가장 가까운 사람이기에 가장 큰 상처를 받는다. 사랑하는 사람과의 이별이 그토록 아프고 힘들며, 가족으로 인한 스트레스와 상처가 우리 삶에 가장 크게 느껴지는 이유다. 아이에게 아빠도 그렇다. 아이에게 아빠는 중요하면서도 소중한 존재이기 때문이다. 서로 상처를 보듬고 수용하면서 위태로운 관계를 회복하는 것은 결코 만만한 일이 아니다.

그 만만하지 않은 일을 완성해내기 위한 좋은 도구가 바로 '진심'이다. 아빠와의 관계에 굳이 이런 상식적이고 평범한 단어를 들이미는 것은, 아빠가 아이들과 맺는 관계의 바탕이 바로 이 '진심'이어야 한다고 믿기 때문이다. 그건 평범한 인간관계에서 서로 가져야 할 신뢰와는 그 궤를 달리한다. 그 진심을 어떻게 표현하는가도 중요하다. 앞서 말했듯, 말은 진심이 아니라 진심을 드러내는 도구일 뿐이다. 그렇지만 말로 표현되어야 알 수 있는 것도 사실이다. 다만, 말에는 마음이 얹어져야 한다.

드라마 〈응답하라 1988〉에서 무척 인상적이고 감동적으로 보았던 장면이 있다. 철없지만 서글서글하고 싹싹하며 마음씨 착한 둘째 딸 덕선이는 공부 잘하는 언니 보라와 하나밖에 없는 남동생 노을에게 엄마 아빠의 관심이 쏠리는 데 마음 깊숙이 섭섭함을 가지고 있었다. 덕선이의 그 '진심'은 일상에서 한 번도 제대로 표현되지 못했다. 때로 눈물이 나고 화가 나기도 했지만 그걸 그냥 받아들이고 넘어가는 것이 자신의 '진심'인 양 살았다. 그리고 그 진심이 드러나는 순간, 온전한 관계 회복이 시작되었다.

언니와의 생일이 3일밖에 차이 나지 않는다는 이유로 늘 케이크 하나에 두 번 촛불을 불게 하는 엄마 아빠에게 덕선이는 드디어 진심을 드러내며 내면의 감정을 폭발시킨다. 내친김에 덕선은 언니에게만 주는 계란프라이와 남동생만 사주는 아이스크림, 그리고 촌스러운 이름에 대한 억울함까지 시원하게 쏟아낸다.

그리고 다음 날 늦은 밤, 아빠 성동일은 동네 슈퍼마켓 앞에서 학교에서 돌아오는 둘째 딸 덕선을 기다린다. 숨겨두었던 진심을 드러냄으로써 모두를 힘들게 했다는 생각에 어색함을 가지고 떨떠름하게 아빠를 마주하는 덕선에게 아빠는 새로 사 온 생일케이크를 내민다. 그리고 딸에게 자신의 진심을 내보인다.

"우리 딸 생일 축하한다. 아빠 엄마가 미안하다. 잘 몰라서 그래. 이 아빠도 태어날 때부터 아빠가 아니잖아. 아빠도 아빠가 처음이니 우리 딸이 좀 봐줘~."

어디에도 '진심'이라는 말은 없고, 흔히 진심이라는 걸 강조하기 위해 사용하는 '진짜', '정말' 따위의 단어조차 없지만, 아빠의 이 말에서 전해지는 진심은 많은 시청자의 눈시울을 적셨다.

사실 우리 현실에서 아빠에게 상처받은 고등학생 딸이 아들에게만 아이스크림을 몰래 사주는 아빠와의 관계를 이렇게 멋지게 회복하는 일은 불가능에 가깝다. 만약 가능하다면 두 가지 전제가 필요하다. 아빠가 좋은 아빠여야 하고, 딸은 착한 딸이어야 한다는 것이 그것이다. 화도 내고 싸우기도 하지만 자신을 돌아볼 줄 알고 진심으로 아이들을 사랑하는 아빠, 집안의 경제적 사정을 생각하지 못하고 자기만 생각하는 이기적인 딸을 넉넉한 마음과 사랑으로 품어줄 수 있는 아빠여야 하고, 그렇게 차별받으면서도 가족을 살뜰히 챙기는 성격 좋고 내적으로 성숙한 딸, 그런 아빠가 내미는 화해의 손길을 수용하고 행복해할 줄 아는 딸이어야 그렇게 수월하게 '관계의 회복'을 시도할 수 있다.

그러나 좋은 아빠와 착한 딸이라는 조건이 충족된다 하더라도 그것이 아빠와 딸의 관계에 관한 모든 것을 해결해주지는 않는다. 사춘기 아이와 관계를 맺는 것은 그 자체가 쉽지 않기 때문이다. 특히 아빠에게 딸은 더욱 어렵게만 느껴지는 것이 현실이다. 나이가 들어 철이 든 딸은 친밀함과 세심함으로 가족의 삶을 풍요롭게 하는 존재가 되지만, 그 딸의 사춘기에 좋은 아빠의 어쭙잖은 말 한마디는 모든 관계를 한순간에 날려버리는 폭탄이 되기도 하고, 착한 딸의 어정쩡한 대꾸와 뾰로통한 표정은 아빠의 분노 버튼을 누르는 트리거가 되기도 한다.

우리가 좋은 딸, 좋은 아들, 좋은 아빠가 되는 것은 쉽지 않다. 그래서 '진심'은 더 소중한 도구다. 진심을 말하는 건 쉬운 일이 아니다. 아빠 성동일의 대사에는 없지만, 그 아빠가 딸에게 지금 전하고 있는 것이 진심이라는 것을 우리는 다 안다. 딸을 사랑하고, 정말 미안해하며, 자신의 부족함을 딸에게 솔직하게 드러내는 건 아무나 할 수 없는 일이다. 그 진심을 받아들이지 못하는 아이에게 거부당해 아빠라는 존재의 무가치함을 느끼게 될 위험까지 감수해야 하기 때문이다. 그러나 반드시 필요한 일이다.

스스로의 진심에 충실하라

내가 담당하는 수업에서 꿈이 뭐냐는 내 질문에 웃으며 '아빠요', '엄마요' 하는 대학생들을 아직도 가끔 만난다. 물론 농담이라는 사실을 잘 알지만, 나는 언제나 정색하고 '꼰대'가 되어 일장 훈계를 하곤 한다.

엄마 아빠가 되는 건 쉽다. 대부분의 인간은 누구나 그럴 가능성을 생물학적으로 가지고 있기 때문이다. 그러나 좋은 아빠와 좋은 엄마가 되는 것은 어려운 일이다. 그건 '진심'이라는 도구를 사용할 수 있는 능력이 있어야 하기 때문이다.

그냥 자연스럽게 되는 일은 없다. 힘들지만, 아빠들은 조금씩이라도 '진심'이라는 무기를 사용할 수 있도록 스스로를 준비시켜야 한다.

진심은 돈으로 살 수 있는 것도 아니고, 배워 얻어지는 기술도 아니다. 정해진 대로 꾹꾹 누르면 영수증과 번호표를 주는 키오스크는 더더욱 아니다. 수많은 경험이 필요하고, 그 경험을 해석해낼 수 있는 지식도 필요하다.

무엇보다 중요한 건 아이들을 향한 진심 이전에 아빠가 스스로의 진심에 충실해야 한다는 점이다. 아이를 사랑하지 않는 아빠는 없다. 그런데 그 사랑이 아빠 스스로가 가지고 있는 내면의 욕심과 두려움과 불안과 무기력에 잠식당하면, 아빠는 아이의 진심도 자신의 진심도 감당할 수 없다. 그건 말과 표정과 태도로 드러날 수밖에 없고, 그러면 아이들은 저만치 도망가버리고 만다.

아빠 성동일의 모습이 감동으로 다가오는 것은, 그가 아빠인 자신에 대해 충분히 이해하고 있기 때문이다. 아빠로서 세 자녀에게 가지는 자신의 욕심을 이해하고, 가정의 경제 사정을 고려하지 못하는 이기적인 철부지 딸의 모습에서 아빠인 자신의 욕심에 희생하며 지금껏 참아준 진심을 볼 수 있는 마음의 넉넉함을 가졌기 때문이다. 아빠이기 때문에 눌러버리려면 눌러버릴 수도 있었다. 그러나 그는 그러지 않았다. 딸이 어렵게 내보인 진심에 아빠의 진심으로 반응해주었다.

진심이라는 도구는 그렇게 사용되어야 한다. 당연히 쉽지 않다. 정말이지 세상에 그냥 자연스럽게 되는 일은 없다는 점을, 아빠들이 꼭 알아주었으면 좋겠다.

아이를 행복하게 만드는 아빠의 자리

한 호텔에서 열린 세미나에 참석했을 때였다.

로비 한구석에서 한 아이가 자지러지게 울고 있었다. 울음소리가 얼마나 컸던지, 주변을 오가는 모든 사람이 악을 쓰며 우는 아이를 쳐다보았다. 내 눈길이 그 아이에게 향했을 때 제일 먼저 눈에 들어온 건 우는 아이를 외면한 채 무척 화가 난 표정으로 다른 곳을 쳐다보고 있는 아빠의 모습이었다. 엄마도 마찬가지였다. 아이는 엄마 아빠의 외면 속에 덩그러니 울고 있었다.

무엇이 저 아이를 저렇게 서럽게 한 걸까 하는 안타까움도 있었지만, 그렇게 아무것도 하지 않는 엄마 아빠의 모습이 사실 더 불편했다. 물론 그 가족에 대해 나는 아무것도 모른다. 그들의 한 단면만을 보고 무언가를 판단할 수는 없는 일이었다. 그렇게 그 장면을 지나쳤고, 첫 세미나가 끝나고 나와보니 아이도 부모도 모두 그 자리에 없었다.

그런데 그렇게 지나쳤던 그 아빠의 화난 표정이 쉽게 잊히지 않았다. 아이는 무엇을 원했던 걸까? 그리고 아빠는 왜 아이에게 그렇게 반응했던 걸까?

제발, 우는 아이를 방치하지 마라

아이라는 존재는 그렇게 아빠로부터 외면당할 만큼 아빠를 화나게 할 만한 잘못을 할 수 있는 존재가 아니다. 아이는 그냥 아이이기 때문이다.

나는 그 상황에서 두 가지를 추측해볼 수 있었다. 하나는 아이 아빠와 엄마의 다툼이다. 서로 아이를 외면하면서 홀로 남는 아이에 대한 책임을 상대에게 떠넘기는 도구로 그 다툼을 이용하는 경우다.

아무리 해도 통제되지 않는 울음이었을 수도 있다. 아이는 채워지지 않는 자신의 욕구를 울음으로써 표현한다. 그러나 아이의 그런 울음은 사람들 속에서 부모를 난처하게 만들어 결국 무기력하게 아무것도 할 수 없게 하거나 머리끝까지 화가 나게 함으로써 엄마와 아빠를 힘들고 버겁게 한다.

그런데 기억해야 한다. 그렇게 우는 아이가 부모보다 더 힘들다. 그렇게 울고 있는 아이를 그대로 방치하는 것은 부모들의 이기적인 무능함이다.

아이에게 울음은 생존을 위한 매우 중요한 도구다. 아이는 태어나는 순간 엄마로부터 분리되자마자 제일 먼저 울어야 한다. 그 울음은 아이의 생존을 확인하는 신호이기도 하다. 점점 자라가며 아이는 자신의 욕구를 주변에 알리고 이를 획득하면서 생존해나간다. 그 생존의 과정에 울음은 필수적이다. 그러니 아이가 울 때 엄마 아빠의 가장 큰 관심사는 '이 아이가 무엇을 필요로 하는가'여야 한다. 할 수 있는 모든 필요를 채워주었을 때에도 아이가 울음을 그치지 않는다면 위급한 상황이다. 아이는 장이 꼬여서 배가 아파도, 그 작은 팔다리 어딘가의 뼈에 문제가 생겨도 울음 말고는 그 상황을 전달할 방법이 없기 때문이다.

아이 울음 앞에서 무력해지는 아빠들

엄마는 아이에게 신과 같은 존재다. 울음소리 하나만으로도 아이가 배가 고픈지, 기저귀를 갈아달라는 것인지를 안다. 아빠는 잘 모른다. 일단 아빠는 아이가 울기 시작하면 울음을 그치게 만들어야 한다는 투철한 사명감에 조급해진다. 엄마가 외출이라도 했을 때 아이가 울기 시작하면 난감하다. 도대체 이 아이가 무엇을 요구하는지를 모르기 때문이다.

분유를 입에 물리는 건 가장 먼저 할 수 있는 나름의 필살기다. 그런데 때론 그게 안 통할 때도 있다. 그런 상황이 되면 아빠들의 무력감은 최고조에 이른다. 무엇보다 아이가 울고 있을 때 외출했던 아이 엄마가 돌아오면 자신이 너무 초라해진다. 마치 숨겨야 할 실수를 들킨 느낌이랄까? 황당한 건 엄마가 안아주면 아이가 울음을 그친다는 것이다. 아이의 울음을 잠재우고 한심한 듯 아빠를 쳐다보는 엄마의 눈빛은 아빠들에게 아이의 울음소리보다 더 부담스럽다.

존 볼비John Bowlby라는 아동심리학자는 "아이는 자신의 생존 가능성을 높이기 위해 태어날 때부터 생득적으로 다섯 가지 도구를 가지고 태어난다"고 주장했다. 빨기sucking, 매달리기clinging, 따라다니기following, 울기crying, 미소 짓기smiling가 그것인데, 중요한 건 이에 대응하는 양육자의 민감하고 즉각적이며 일관성 있는 반응이다. 양육자의 긍정적이고 의미 있는 반응은 아이가 자율성과 효능감을 높임으로써 자신과 타인을 신뢰하게 한다. 볼비는 이를 '건강한 애착Attachment의 형성'이라고 불렀다.

다섯 가지 도구 가운데 아기가 가장 빈번하게 사용하는 것이 바로 울음이다. 무엇이든 필요가 느껴지면 아이는 그 필요를 채워달라 요청하는데, 울음은 그 요청이 충족되지 못할 때 아이가 할 수 있는 유일한 불만의 표시다. 노상 울어대는 아이를 보는 건 힘들기도 하지만, 사실 그것이 말 한마디 하지 못하는 아이가 자신의 생존을 위해 노력하는 필사적인 아등바등이라고 이해하면 그 울음소리가 안타깝고 애처롭게 들린다.

볼비의 제자인 에인스워스M. Ainsworth는 '낯선 환경 실험'이라고 불리는 연구를 통해 볼비의 이론을 공고히 했다. 에인스워스의 실험은 애착이 아이의 건강한 삶을 위한 바탕이 된다는 것을 시사한다. 엄마와 만족스러운 애착관계가 형성된 아이는 자신이 존재하는 이 세상이 매우 안전한 곳이라는 확신을 가지게 된다. 그렇게 형성된 안전감은 아이가 세상을 탐색할 힘을 갖게 하는 매우 중요한 정신적 토대가 된다. 아이는 건강한 애착이 형성된 엄마를 안전기지로 삼아 낯선 세상을 탐험한다. 뒤돌아보았을 때 여전히 그 자리에 있는 든든한 안전기지, 즉 엄마로 인해 한 걸음 더 내디딜 수 있는 용기를 얻게 된다. 엄마는 뭔가 위태로운 상황이라 느껴졌을 때 바로 돌아가 숨을 수 있는 안전한 피난처 역할도 한다.

이러한 애착에 관한 이야기는 대부분 '엄마'와 연결되어 있다. 물론 어떤 학자들은 '부모'라는 표현을 사용함으로써 아빠와의 관계를 슬쩍 암시하기는 하지만, 볼비와 에인스워스의 연구 결과는 그 애착의 대상이 '엄마'임을 명확히 하고 있다.

아빠는 가족의 안전기지가 되어야 한다

그렇다면 아이의 울음에 아빠의 역할은 무엇인가? 나는 아빠가 '아이의 안전기지'가 아니라 '가족 모두의 안전기지'가 되어주어야 한다고 생각한다.

비행기를 탈 때 우리는 모든 소지품을 검사하는 보안검색대를 통과해야 한다. 항공권을 구입하고, 공항에 도착하여 여권을 제시하고 발권을 하며, 짐을 보내고, 행선지를 확인하는 것과 보안검색대를 통과하는 것은 사실 전혀 별개의 과정이다. 항공권이 목적지를 향할 수 있는 자격을 부여해주는 역할을 한다면, 보안검색의 과정은 목적지에 안전하게 갈 수 있도록 하는 중요한 역할을 한다. 그것은 나를 위한 것이기도 하지만, 비행기를 이용하는 모든 승객의 안전을 위한 것이기도 하다. 표준화된 보안지침이 없는 공항 시스템을 상상해보라. 항공권은 무용지물일 뿐이다.

아빠는 그런 보안 시스템을 포함한 거대한 안전기지다. 남자와 여자의 성역할에 대한 수많은 담론이 지금의 세상을 정의하고 있지만, 아이에게 아빠는 아빠고 엄마는 엄마다. 설거지를 하고, 집을 청소하고, 아이를 목욕시키고 재우는 일들이 언제나 엄마의 몫이어야 한다는 이야기가 아니다. 사랑과 넉넉함으로 아이와 관련된 다양한 일들을 함께하는 것은 기본적인 부부의 의무다.

아이는 애착의 일차적 대상인 엄마를 통해 여권을 얻고, 아빠는 아이를 안심하게 하고 좀 더 넓은 세상을 향해 한 걸음 내디딜 수 있는 토대를 제공해주어야 한다. 아빠는 좀 더 넓은 영역에서 당장 눈에 보이지는 않지만 존재하고 있으며 충실하게 작동하고 있는 공항의 안전 시스템과 같이 자리해야 한다. 바로 그 자리가 아이를 행복하게 만드는 아빠의 자리다. 아무리 달래고 얼러도 울음을 그치지 않는 아이에게 죄책감을 가지거나, 아이가 자신을 무시한다고 생각해 분노하는 것은 스스로를 너무 작게 만드는 것이다. 계속 강조하지만, 아이는 그냥 아이일 뿐이다. 신체가 작은 어른이 결코 아니다.

아이를 키우는 것은 길고 긴 여정이다. 그리고 그런 여정에서 아빠는 아이의 울음에 익숙해지고, 아이의 울음과 함께하는 작지만 소중한 행복을 맛볼 수 있어야 한다. 비록 울음으로 아이의 의도를 정확히 파악하는 엄마의 자리까지는 못 되더라도, 어떻게든 울음을 그치게 해야만 한다는 다급함에서는 자유로워져야 하지 않겠는가.

아이를 상대에게 미루며 아이에 대한 걱정을 더 많이 하는 쪽이 집에 들어가 아이를 볼 것이라고 생각하는 부부들이 있다. 몇 년 전 일이다. 7개월 젖먹이를 둔 젊은 부부는 부부싸움 이후 아이를 두고 각각 집을 나가 무려 엿새가 지난 후 집으로 돌아왔고, 그들은 사망한 아이를 발견했다. 이들은 부부싸움에 아이를 도구로 이용했고, 두 사람 모두 이 치킨게임에서 지고 싶은 마음이 없었다. 부부가 자신들의 싸움에 아이를, 그리고 아이를 돌보는 책임을 서로 상대에게 던지는 무기로 사용하는 것이 어떤 결과를 가져다주는지를 너무나도 극명히 보여주는 끔찍한 사례였다.

다시, 우는 아이 옆에서 아무것도 하지 않으며 화가 가득한 표정을 짓고 있던 그 아빠의 눈빛이 기억난다. 난 아직도 그 장면이 떠오르면 마음이 아프다. 힘들게 우는 아이를 품에 안고, 아내와 함께 아이의 필요를 채워 방긋 웃는 아이와 행복한 삶을 살아가고 있기를 그저 기대할 뿐이다.

지금 당장
할 수 있는 일을 하라

어느 날 나를 찾아온 50대 아빠 소명씨는 초등학교 1학년과 유치원에 다니는 아이를 둔 두 아이의 아빠였다. 소명씨가 처음 꺼낸 상담의 주제는 '경쟁'이었다. 자신에게 온 세상은 모두 경쟁자이고, 그 경쟁의 자리가 자신에게 너무 버겁고 힘들다는 것이었다.

그럴 수도 있다. 그런데 내심 이런 생각이 들었던 것도 사실이다. 아니, 세상에 누구 하나 나름대로 치열하게 살지 않는 사람이 있겠는가. 우린 모두 그런 치열한 세상에서 경쟁이라는 터널을 걸어가며 승리의 달콤한 열매를 먹기도 하고 패배의 쓴 맛을 보기도 하며 살아가는 것 아니던가.

그런데 소명씨의 이야기는 내가 생각하던 것과 좀 달랐다.

소명씨가 생각하는 문제는 경쟁 자체가 아니라 경쟁의 대상에 있었다. 경쟁 대상이 흔히 생각하듯 회사 동료 등 주변 사람이 아니라, 평범한 일상 속 모든 환경과 상황이 경쟁의 대상이 된다는 것이다. 예를 들어 소명씨는 건강을 위해 동네 뒷산에 잘 만들어진 둘레길을 돌다가도, 문득 나를 지나쳐 좀 더 빠른 걸음으로 걸어가는 사람들이 신경 쓰여 그 사람보다 먼저 가기 위해 땀을 뻘뻘 흘리며 뛰다시피 걸었다.

또 운전하며 끼어들기를 하는 사람들을 그는 도무지 용납할 수 없었다. 저 멀리서 달려오는 차를 보면 그 차가 내 앞으로 끼어들 것 같아 이미 긴장한다. 절대 내 앞으로 그 '나쁜 놈들'이 끼어들지 못하도록 해야 하기 때문이다. 그것이 승용차건 화물 트럭이건 간에 운전 중에 내 주변에 존재하는 모든 차는 내 갈 길을 방해하는 잠재적인 적이었다. 그 경쟁에서 이기기 위해 그는 알지도 못하고 앞으로도 만날 일 없는 적들이 자기들 멋대로 하지 못하도록 막아야만 했다. 그래서 그 적들은 결국 끼어드는 데 실패하여 세상이 자기 마음대로 되지 않음을 받아들여야 하며, 그렇게 하려 했던 자신들의 잘못을 깨닫고 뉘우쳐야 했다. 만약 내가 그걸 막지 못해 그 적들이 내 앞에 끼어드는 데 성공이라도 하면, 경적을 울리고 번쩍번쩍 하이라이트를 쏘고 뒤에 바짝 붙어 위협하기도 해서 그들이 한 일이 잘못이라는 점을 명확히 인식시켜줘야 했다.

'어, 이건 좀 과한데' 하는 생각이 내 마음을 살짝 스쳐갔다. 지금과 같은 시대에, 아침이면 온 도로가 자동차로 꽉꽉 차는 시대에, 끼어들기를 하지 않으면 목적지에 도착하는 게 불가능한 시대에 소명씨는 대체 사방에 가득한 그 '나쁜 놈들'과 어떻게 늘 경쟁하며 살고 있는 걸까? 소명씨는 그야말로 온 세상과 경쟁하며 사는 사람이었다. 그제야 그의 삶의 짐이 너무나도 무거워 보였다.

온 세상과 경쟁하는 아빠

더 큰 문제는 그러한 소명씨의 삶의 방식이 아이들에게 무척 부정적으로 작용한다는 점이었다. 소명씨는 아이들에 대해서도 마찬가지의 태도를 취했다. 늘 아이들을 닦달했다. 그 아이들 앞에 나타날 무수히 많은 문제들을 미리 생각하고 예방하지 않으면 안 되었다. 아이들은 저 멀리서 다가오는 위협을 알아챌 수 있어야 하고, 정신을 바짝 차리고 모든 걸 통제할 수 있어야 했다. 그래서 '내 허락 없이는 아무도 자기 영역에 들어오지 못하게' 할 수 있어야만 했다.

그런데 그 아이들은 이제 여덟 살, 다섯 살이었다. 아이들은 아빠가 시키는 대로 해보려고 하지만, 금방 한눈팔고, 금세 아빠 말을 잊고 딴짓을 한다. 그러면 소명씨는 그 가르침을 처음부터 다시 시작한다. 아이들이 자신들의 삶을 잘 살아내게 하기 위한 가르침을 주어야 한다는 임무에 소명씨는 진심이었다. 그리고 아이들은 그런 아빠가 점점 힘들고 부담스러워졌다.

경쟁의 가장 중요한 목적은 '내게 의미와 가치를 지닌 어떤 것'을 '내 것'으로 획득하는 것이다. 그리고 그 목표를 위한 치열한 노력이 궁극적으로 도달하고자 하는 것은 '안전'일 것이다. 돈은 그 대표적인 것이다. 돈을 획득하여 완전한 내 것으로 만드는 것은 참으로 어렵지만, 그 어려운 여정을 지나 마침내 돈을 획득하면 그것은 무엇보다도 완벽한 '안전'을 제공한다. 그 안전은 크고 넓은 집이기도 하고, 사방에서 에어백이 터지는 좋은 차이기도 하며, 더 나은 안전, 즉 더 많은 돈을 벌 수 있는 든든한 마중물이 되기도 한다. 힘이나 권력도 마찬가지다. 그래서 사람들은 그것들을 얻기 위해 열심히 경쟁한다.

나 같은 소시민에게는 아주 작은 단위의 돈과 힘과 권력도 소중하다. 그건 놀이공원에 갔을 때 누구보다 잽싸게 좋은 자리에 주차할 수 있는 힘이기도 하고, 이런저런 사이트를 뒤져 아이들이 원하는 장난감 한 개를 몇천 원 더 싸게 사는 돈이며, 한

여름 피서철에 반년 전부터 여기저기를 뒤져 어렵게 구한 제주행 비행기표를 들고 그 많은 사람들 사이를 유유히 지나 공항의 보안검색대를 통과하는 권력이기도 하다. 그걸 얻기 위해 아빠는 새벽부터 어딘가에 줄을 서기도 하고, 몇천 원 더 돈을 내서 가족이 좀 더 편해질 수 있도록 힘을 쓰기도 한다. 조금이라도 싸고 더 좋은 것을 얻기 위해 사이트를 뒤지느라 밤을 새우고, 가족여행을 가서 만나는 이런저런 상황에 잘 대처하기 위해 치열한 눈치싸움을 하기도 한다. 그렇게 열심히 획득하고자 하는 안전은 '나의 안전'이기도 하고, 내 가장 소중한 공동체인 '가족의 안전'이기도 하다.

그래서 아빠이자 집안의 가장인 소명씨가 온 세상과 경쟁하고 있는 이유는 바로 그 '안전'을 확보하기 위해서였다. 소명씨에게 삶을 사는 것은 그 '안전'을 위해 매일매일을 버틴다는 것과 같은 의미였다.

세상에 존재하는 모든 물건은 그것을 손에서 놓는 순간 바닥으로 떨어져버린다. 어디에서나 누구에게나 예외 없이 적용되는 중력의 법칙 때문이다. 소명씨가 얻고 유지하고자 하는 '안전'도 사실 그와 같은 것이다. 마음을 놓는 순간 이제껏 지키고 보호해왔던 나와 가족의 '안전'은 바닥으로 떨어져 깨져버리고 만다. 그러니 삶은 언제나 끝없이 버티고 견디며 감당해야만 하는 위험의 연속이다.

그 과정에 생각지 않았던 무엇인가가 나와 가족의 '안전'을 침범하고, 내가 그것에 밀려 그 '안전'을 놓쳐버린다면? 결국 나와 가족은 모두 나락으로 떨어지고 말 것이다. 그러니 소명씨는 늘 긴장하고 살아야 했고, 그 삶은 소명씨에게 끝없는 고통이었다. 그리고 그 고통은 언제나 나를 둘러싸고 있는 모든 환경을 감시하며 더 큰 고통이나 위협으로부터 자기를 지키려 밤낮으로 눈을 부릅뜨고 지켜내야 하는 '경쟁'이라는 모습으로 드러난다.

선천적으로 경쟁을 좋아하여 늘 경쟁의 자리에 서는 것을 당연하게 여기는 사람도 있고, 낙오와 탈락이라는 상처와 아픔을 두려워하여 경쟁의 자리를 피하려는 사람들도 있다. 아무리 경쟁을 좋아한다고 해도 그것이 〈오징어 게임〉과 같은 경쟁이라면, 누구도 자신의 의지로 그 경쟁을 선택하지는 않을 것이다.

우리가 일상에서 마주하는 경쟁은 한번 뒤처지면 생명을 내놓아야 하는 경쟁은 아니다. 또 우리 사회를 살아가는 데 경쟁은 피할 수 없는 필요악이다. 그러니 원하든 원하지 않든 우리는 경쟁에 뛰어들어야 한다. 그리고 그 과정을 통해 최대한의 '안전'을 얻어내야 하는 것이다.

아빠에게 정말 나쁜 건 '사람'이었다

무엇이 소명씨에게 운전 중 끼어드는 그들을 '나쁜 놈들'로 보게 만들었냐는 내 질문에 소명씨는 쉽사리 대답하지 못했다. 그래서 나는 조금 다른 각도에서 질문해보았다.

"소명씨에게 '나쁜'이라는 단어를 붙일 수 있는 것은 무엇일까요?"

상담사는 나쁜 '것'을 물었는데 소명씨는 나쁜 '사람'으로 대답했다. 소명씨에게는 사람이 힘들고 버거운 경쟁의 대상인 것이다. 사실 소명씨에게는 앞으로 끼어든 나쁜 차가 있는 것이 아니라 함부로 남의 영역에 침범하고 강탈해가는 나쁜 사람이 있다. 차는 그 사람을 투사한 대상일 뿐이다. 차는 스스로가 끼어들지 못한다. 그 차를 운전하는 사람이 그렇게 하는 것이다. 그러니 소명씨의 이해는 투사이기도 하고 실제이기도 하다. 결국 소명씨는 '나쁜'을 '자기의 영역을 침범하는 사람'이라 이해하고 있는 것이었다.

모처럼 아이들과 놀이공원에 가기로 한 날, 아이들은 너무 기대하고 들떠 잠도 잘 자지 못하며 그날을 기다렸다. 정말 좋은 아빠인 소명씨는 일단 아침에 일어나는 시간부터 아이들을 닦달하기 시작한다. 그날, 놀이공원에 가는 모든 아빠들이 소명씨에게는 경쟁의 대상이 되고 말았기 때문이다. 아침에 일어나는 것에서부터 미적미적 자꾸 늦어지는 아이들은 바로 이 경쟁에 뒤처지게 하는 것이고, 아빠는 그걸 편안하게 용납할 수 없었다. 아이들을 경쟁의 자리로 내몰지 않고 충분히 안전하게 하려는 아빠의 열심이지만, 아이들은 불편하기만 하다.

드디어 차를 타고 고속도로로 들어서는 아빠는 그저 놀이공원 입구 가까운 곳에 주차를 해야 된다는 투철한 사명감을 가지고 있을 뿐인데, 아이들에게는 그 아빠의 표정에서부터 벌써 눈치가 보인다. 입구에서 표를 사고 줄을 서는 것에서부터 놀이기구를 타고 노는 시간 동안, 안전을 향한 아빠의 투철한 사명감은 더욱 강력해진다. 아빠는 아이들을 대신해 자신이 모든 경쟁을 이겨 정말 행복한, 그래서 '안전'한 시간을 아이들에게 만들어주고 싶다. 그러나 아이러니하게도 그런 아빠의 모습은 자신을 제외한 가족 모두를 불편하게 하고, 오히려 '안전'과는 더욱 거리가 멀어지게 된다.

다른 놀이기구를 타러 갈 때도 아빠는 다급하기만 하고, 밥을 먹으러 식당을 들어가도 자리 맡는 경쟁에서 이겨야 하며, 놀이기구를 타면서도 그것을 전혀 즐기지 못한다. 경쟁이 적고 쉽게 이길 수 있는 놀이기구를 정해야 하기 때문이다. 그렇게 놀고 쉬고 재미있어야 할 이 모든 여정에 가족 모두의 마음은 점점 힘들기만 하게 된다.

경쟁 상대를 명확히 하라

소명씨가 먼저 분명하게 알아야 하는 것은 자신이 경쟁하는 경쟁 대상이 무엇인가 하는 것이다. 대상을 명확히 하면 그 대상이 그토록 위협적인지 아닌지를 볼 수 있다. 소명씨의 경쟁과 안전에 대한 불안은 과도하다. 그것은 대상의 불분명함으로부터 시작된다고 할 수 있다.

나아가 소명씨에게 필요한 것은 안전한 마음의 공간이다. 누구나 안전한 자신만의 공간을 가지고 있으려 한다. 우리가 씻고 밥을 먹고 잠을 자며 생활하는 집은 그 대표적인 곳이라 할 수 있다.

그런데 사실 우리 마음에도 이런 집과 같은 공간이 있어야 한다. 그곳은 나만의 안전한 장소이고 사생활이 보장되며 넉넉하게 자기 자신을 쉬게 할 수 있는 공간이다. 꼭 있어야 하지만 우리가 그런 공간을 만들어내는 것은 결코 쉬운 일이 아니다.

경쟁 대상을 명확히 하는 것은 우리의 생각을 변화시키고, 내 마음속 안전한 공간은 우리에게 쉼을 제공한다. 그리고 그런 쉼과 변화는 무엇보다도 아이들과의 관계에 넉넉함을 만들어주게 될 것이다. 주차는 멀리 가서 해도 그저 좀 불편할 뿐이지 아무것도 아니다. 줄 서는 과정의 행복을 누리면 되며, 힘들어도 조금 기다려 아이들이 좋아하는 것을 먹고 즐기면 되는 것이다. 쉼과 변화는 경쟁이 마치 모든 것을 없앨 것인 양, 우리의 안전을 엄청나게 위협할 것인 양 충동하는 내 마음속의 다급함을 직시할 수 있는 눈을 만들어준다. 그래서 적절한 기다림과 함께 하는 소중한 과정에서 누릴 수 있는 행복을 볼 수 있게 해주는 것이다.

그러기 위해 아빠는 생각의 변화에 도전하고, 쉴 수 있는 내 마음의 공간을 만들어가야만 한다. 내가 그렇게 해야 나를 보는 아이들이 편해진다. 내가 그렇게 해야 아이들이 진짜 나와 놀아줄 수 있게 된다.

분석하기 전에 먼저 움직여야 할 일도 있다

상담사인 나는 소명씨에게 과거의 상처와 아픔과 무의식의 어떤 작용을 설명했을까? 나는 소명씨와의 상담에서 그걸 꿈도 꾸지 않았다. 때로 그 기나긴 무의식에의 탐험을 뒤로하고 지금 내가 바꾸고 변화시켜야 할 부분에 집중해야 할 때가 있다. 이들에게 하지 않아도 되는 많은 불편함과 부담을 주고 있는 아빠 자신을 정확히 볼 수 있어야 하는 것도 맞다. 그러나 자신이 지금 해야 할 일이 명확하다면 그건 지금 해야 한다. 그걸 무의식의 어떤 영역이나 영향이라고 돌리는 것은 사실은 그렇게 할 용기도 없고 힘도 없고 결국은 나를 바꾸기 싫다는 말이나 마찬가지다. 상담의 결과는 무의식에 대한 진심이 아니라, 그래서 내가 지금 해야 하는 것에 대한 진심이어야만 한다.

소명씨는 해야 할 것에 한 걸음 다가서기 시작했다. 무엇보다도 경쟁과 안전이 왜 나를 이토록 힘들게 하는지를 객관적인 시각으로 보는 것은 그 자체가 변화의 시작점이었다. 그걸 토대로 그는 자신에게 무차별적으로 다가오는 생각에 대한 왜곡을 통제하기 시작했다.

나와 함께 마음의 공간을 만드는 작업도 시작했다. 결코 그냥 되는 것은 아니다. 의지를 다지고 싸워야 한다. 그 싸움이 바로 '지금 해야 할 일'이다. 당연히 그를 그렇게 만든 아픈 과거가 있을 것이다. 그런데 언제까지 그들을 탓하고 그들에게 사랑하는 소중한 내 아이들을 맡길 것인가. 분석은 좀 뒤로 미루고, 지금 할 수 있는 일을 하는 것부터가 변화의 시작이다.

내가 사랑하는 것을 느낄 수 있도록 하는 것도 능력이다. 정말 아이들을 사랑하는 아빠로서 더욱 그 능력을 갖춰야만 한다. 아빠니까, 아이들을 사랑하니까 말이다.

우리 아빠한테 이를 거야!

아이에게 아빠는 슈퍼맨이다. 아빠는 아이에게만큼은 반드시 슈퍼맨이 되어주어야 한다. 물론 이는 아이가 슈퍼맨이라는 존재의 허구성을 인식하기 이전까지만이다.

아이에게 슈퍼맨으로 보이는 것이 아빠는 참 행복하다. 그렇게 아빠를 믿어주고 아빠 품에 안겨 온 세상을 향해 자신만만해하는 아이가 고맙기만 하다.

아이는 아빠에게 절대적인 '내 편'이 되어주고, 나아가 자신의 적들을 확실하게 처단해주기를 바란다. 때로 그 적은 자기 마음대로 해주지 않는 엄마가 되기도 한다. 슈퍼맨 아빠만 있으면 엄마도 형도 할머니도 모두 내 앞에 굴복하게 만들 수 있다. 그래서 "우리 아빠한테 이를 거야!"라는 말은 아빠는 틀림

없이 내 편이 되어줄 거라는 확신이 있어야 할 수 있는 말이다. 정말 소중한 믿음이 아닐 수 없다. (물론 상황이 해결되면 아이는 금세 아빠를 배신하고 엄마에게 돌아간다. 이게 생각보다 상처가 크다.)

불신과 신뢰 사이의 아슬아슬한 줄타기

"엉엉~ 우리 아빠한테 이를 거야~ 엉엉~."

어느 날 집에 들어가는데 세 살 아이의 울음소리가 문을 뚫고 나왔다. 아빠를 보자마자 아이는 엉엉 울며 아빠에게 안기더니 할머니가 어떻게 했고 엄마가 어떻게 했고 하며 일러바친다. 도대체 이렇게 나를 눈물 나게 행복하게 하는 상황이 또 어디 있을까? 아이에게 아빠는 바로 이런 존재다. 모든 억울함은 아빠를 찾아가면 다 해결된다. 아빠만 있으면 된다.

아이는 세상 억울하게 울고 있지만 그런 아이를 안고 있는 아빠도, 적으로 변신해 그 역할을 훌륭히 해내는 엄마와 할머니도 모두 즐겁기만 하다. 아빠가 엄마와 할머니에게 그러지 마시라고 짐짓 큰소리를 치면 아이는 자신을 대신하여 억울함을 풀어주는 아빠의 능력에 어느덧 울음을 그치고 놀던 자리로 돌아간다.

이 세상을 살며 누군가는 반드시 내 편이 되어줄 거라는 확신을 가지고 산다는 것이 얼마나 굉장한 일인가! 아이는 부모에게 언제나 내 편이 되어줄 거라는 기대와 확신을 가진다. 부모는 무엇보다도 아이가 부모에 대해 가지고 있는 그 기대와 확신을 충족시켜주어야 한다.

사실 아이가 아빠에게 요구하는 슈퍼맨의 역할은 별 게 아니다. 아빠인 내가 집에 들어가 해 보였던 정도면 충분하다. 그건 힘이나 돈이 필요한 것도 아니다. 그건 사랑하는 것이고, 그래서 아이가 원하는 것에 언제나 반응하는 것이다. 부모의 건강한 반응은 부모에 대한 아이의 신뢰를 든든히 할 뿐 아니라, 자신이 앞으로 살아가게 될 이 세상을 인식하는 틀이 된다. 그들에게 세상은 신뢰할 수 있는 좋은 세상이고, 그 세상을 함께 살아가는 내 주변의 사람들은 믿을 수 있는 대상이 된다.

부부는 서로가 언제나 반드시 내 편이 되어줄 것이라는 확신을 가지기에 결혼에 이른다. 그들은 서로에게 어떤 부끄러움도 없다. 상대는 내 모든 것을 가감 없이 그대로 수용하고 받아들여줄 테니까. 어떤 상황에서도 서로를 향한 지지와 응원을 포기하지 않을 테니까 말이다.

그들에게 그런 믿음이 깨지면 결혼생활은 의미가 없다. 남편이 '내 편'이 아니라 '남의 편'이어서 남편이라는 우스갯소리는 때로 서글프다. 내가 아니라 남의 편이 된 존재와 어떻게 삶을 나눌 수 있겠는가?

때로 '남의 편'이 될 거라는 징조가 여기저기 보여도 기어코 결혼에 이르는 커플들을 보기도 한다. 그건 누군가 내 편이 되어주기를 바라는 간절함이기도 하고, 그렇게 내 편이 되어주어 나의 연약함과 부족함을 어떻게든 채워주기를 바라는 어리석은 욕심이기도 할 것이다. 그런데 그도 나와 같이 채움 받기를 원하는 존재임을 알지 못하는 경우가 많다. 그래서 결국 그의 욕심을 나도 채워주어야 한다는 깨달음이 서로를 향해 가졌던 간절함을 깨뜨리고, 내 편이 되어주지 않은 상대에 대한 분노와 원망을 지닌 채 서로의 삶으로 갈라서게 하기도 한다.

발달심리학자이자 정신분석학자인 에릭 에릭슨Eric Homburger Erikson은 인간의 전 생애에 걸친 발달단계를 제시했다. 그의 심리사회적 발달이론은 인간의 생애를 8단계로 나누고, 각 단계마다 해결해야 할 과제를 건강하게 수행하지 못하면 그 단계에서의 결함을 지닌 채 평생을 살아가게 된다고 이야기한다.

에릭슨은 인간이 자신의 욕구를 충족하고자 환경과 접촉하는 과정에서 어떻게 그 위기를 극복해가는지가 인간의 심리사회적 발달의 핵심적 요인이라고 생각했다. 자신의 욕구가 충족되는 경험과 좌절되는 경험은 인간에게 늘 위기로 경험된다는 것이다. 각 단계에서 인간은 이러한 양극적인 측면에서의 위기를 극복해야 한다. 영아기로 불리는 0세부터 1세까지 아이에게 그 과제는 신뢰와 불신이다. 영아기 부모로부터 적절한 보살핌을 받아 기본적인 욕구가 충족된 아이는 자신과 주변에 대해 신뢰감을 형성한다. 그러나 어떤 이유에서든 부모의 적절한 보살핌이 부족한 아이는 좌절을 경험하게 되고, 이는 곧 아이에게 자신과 주변에 대한 근원적인 불신감을 가지게 한다. 에릭슨은 이 시기에 형성된 기본적 신뢰 혹은 불신이 일생을 통해 지속되며, 다음 단계의 성격 발달에 영향을 끼친다고 보았다.

성인이 된 남자와 여자가 서로에 대한 신뢰를 기반으로 결혼에 이르지만 그 신뢰가 깨지고 마는 데에는 다양한 이유가 있을 것이다. 그런데 에릭슨의 이야기를 기반으로 본다면, 신뢰가 깨지는 가장 중요한 이유는 자기와 주변에 대한 불신이다. 너무나도 믿고 신뢰하고 싶지만 그렇게 되지 않는 것이다. 나를 신뢰하지 못하는 상대에게 어떻게든 나를 신뢰하게 할 수 있는 방법은 사실 없다. 그건 나의 문제가 아니라 상대의 문제다. 24시간을 늘 함께 있으면서 나의 신뢰를 증명할 수는 없지 않은가? 혹여 그렇게 할 수 있다고 한들, 그게 사랑하고 신뢰하며 행복하게 사는 삶이라고 할 수 있겠는가?

심리발달을 연구하는 대부분의 학자들에게 아이의 1차적 신뢰 대상자는 주양육자, 특히 엄마다. 신뢰를 느끼게 되는 대단히 중요한 도구 중 하나가 몸과 몸이 맞닿아 느끼는 피부접촉이다. 엄마와 아이의 관계는 그 스킨십의 친밀도에서 아빠와 비교할 수 없다. 그런데 그 아이가 아빠를 슈퍼맨처럼 여기고 아빠에게 이르면 모든 게 다 해결될 수 있다는 신뢰를 가지게 된다는 것은 영아기에 해결해내야 할 과제인 신뢰와 불신의 위기를 잘 극복해냈다는 반증이 될 수 있다. 에릭슨은 그렇게 되면 그 아이가 평생 건강한 신뢰 관계를 이루어 이 사회에 적응하게 되는 기초가 형성될 거라고 보았다.

어른 바보 아빠의 반성문

그렇기에 아빠는 아이에게 완전한 슈퍼맨이 되어주어야 한다. 그래서 아이로 하여금, 내가 원하기만 하면 무엇이든 이루어지는 경험이 충분하도록 만들어주어야 한다. 그래서 아이가 자신과 세상을 신뢰할 수 있는 소중한 대상으로 인식하고 영아기 과제를 멋지게 극복할 수 있도록 도와주어야 한다. 아빠와 엄마는 이 단계에서 누구보다 중요한 주인공의 역할을 해야 한다.

누군가에게 완전하게 신뢰받는 존재가 된다는 것은 황홀한 경험이다. 특히 내 아이가 나를 언제나 자기 편인 슈퍼맨이라고 생각해주는 건 정말 굉장한 선물이다. 그건 내가 새롭게 자신을 정의하고 만들어가게 하는 힘이 되어준다. 나는 기쁘게 아이의 신뢰에 보답하고 그 신뢰를 잃지 않으려 힘쓴다. 이런 건강한 관계가 많아지는 건 나를 위해서도, 상대를 위해서도, 온 세상을 위해서도 좋은 일일 것이다.

"우리 아빠한테 이를 거야!"

그래서 그 말을 들으며 아빠인 나는 다짐하고 또 다짐했다.

그래. 사랑하는 내 아이야.
내가 언제나 네 곁에 있어 줄게.
네가 아빠를 부를 때마다
아빠는 언제나 네 편이 되어줄게.
아빠가 꼭 그런 사람이 되어줄게.

때로 네 살 아이에게 "그건 아니야" "네가 잘못한 거잖아" "그건 안 돼" 하며 아이의 믿음을 배신하는 어리석은 아빠가 되어서 참 미안하다. 사실 그렇게 하지 않아도 되는 것이었다. 그렇게 한다고 해서 아이가 잘못을 뉘우치고 아빠나 엄마의 뜻대로 살게 되는 것도 아닌데 말이다. 누가 뭐라 하든 그냥 끝까지 그렇게 아이의 편이 되어주기만 하면 되는 걸 몰랐다. 그럴 때마다 문득문득 나를 충동하는 막연한 사명감이 이런 '어른 바보'가 되게 한다. 지금 이걸 용납하면 나중에 아이의 삶이 어떻게 될지 모른다는 어리석은 책임감과, 아이의 성장에 대한 불안감 따위에 말려들지 않도록 아빠는 좀 더 정신을 똑바로 차려야 할 일이다.

또 하나, 아이에게 아이가 원하는 것처럼 당당하고 가치 있는 아빠가 되어주지 못한 것을 반성한다. '내가 원래 부족해서 그래' 따위로 반성하려 한다면 애당초 번지수가 틀린 것이다. 우리의 반성은 아이를 어떻게 사랑해야 하는지도 모르면서 심지어 배우려고도 하지 않았던 소극적이고 무지했던 삶에 대한 반성이어야 한다. 오늘도 이 '어른 바보' 아빠는 그 옛날 네 살짜리 아이를 당차게 '교육시키려던' 무지함을 반성한다.

아이들은 이렇게도 하고 저렇게도 한다

아빠들에게는 늘 아이들과 좋은 관계를 맺고 싶은 간절함이 있다. 그래서 아빠는 아이를 가슴에 안으면서 아이가 늘 내게 안겨 행복하기를 바라고, 어린이집이나 유치원에 가는 아이들을 보며 불안함에 전전긍긍한다. 말로는 선생님이 우리 아이를 잘 챙기지 못하면 어떻게 하나, 친구들한테 상처 받으면 어떻게 하나 걱정한다. 그러나 사실은 아이가 나를 떠나 점점 나와의 거리를 넓혀가는 게 불안한 것이다.

초등학교에 다니기 시작하며 급격하게 넓어지는 아이의 사회적 관계망이 아빠에게는 늘 불만이다. 특히 딸 가진 아빠들이 초등학교 저학년 자기 딸에게 남자친구라도 생겼다고 하면 펄쩍펄쩍 뛰는 것도 관계적 불안이라고 할 수 있다.

두 딸의 아빠인 내 후배는 첫 아이가 초등학교 1학년 때 남자 친구가 생겼다고 하자 거의 기절할 정도였다고 웃으며 말했다. 아내는 옆에서 너무 재미있다고 깔깔대며 웃었지만 자기는 도저히 웃음이 안 나왔다면서 말이다. 아빠에게 딸의 남자친구는 심각한 경쟁상대고, 무엇보다 그놈은 딸과 자신과의 관계에 가장 강력한 방해자가 될 가능성이 높기 때문이다.

그런 시간을 보낸 후, 아이가 중학생이 되면 사뭇 양상이 달라진다. 어느덧 아이들은 아빠와 점점 거리두기를 시작하고, 아빠를 귀찮아하며, 아빠가 무슨 이야기를 하든 집중하지 않는다. 그런 아이의 모습은 때로 아빠를 분노하게 하고, 그 분노를 참아내는 데는 또 다른 에너지가 필요해진다. 그래서 아빠들은 엄마에게 양육권을 완전히 넘겨버리곤 엄마 뒤에서 이런저런 잔소리를 하며 아이들에게 더욱 '꼰대'가 되어간다.

선물이나 맛있는 것을 당근으로 관계를 좀 더 의미 있게 만들어가려는 아빠의 노력은 물거품이 되어버리기 일쑤고, 아이들은 그저 돈만 필요로 하는 것 같다. 그런 아이가 못마땅하지만, 아빠는 아빠이기 때문에 인내심을 발휘한다. 물론 그 인내 역시도 아이들이 볼 때는 코웃음만 나올 일이다.

아이의 사생활

그렇게 점점 몸과 마음이 멀어져가는 아이들을 바라보는 아빠의 마음은 늘 씁쓸하다. 조금씩 벌어진 간격은 쉽게 좁아지지 않는다. 진지한 이야기도, 원하는 걸 들어주는 것도 잠깐의 효과만 있을 뿐 어느 순간 또 저만치 멀어져 있는 아이를 바라보게 된다.

그런데 아빠들이 가진 이런 마음의 불편함은 사실은 아빠만의 불편함인 경우가 많다. 아빠는 나름의 원칙과 기준이 있다. 그건 서로 집에 들어왔을 때 인사를 하는 것이기도 하고, 외식할 때는 반드시 모두가 함께해야 한다는 것일 수도 있다. 대화할 때는 적절히 반응하고, 정해진 시간이 되면 가족끼리 어디에 있는지, 무엇을 하는지 서로 알아야 하는 것일 수도 있다. 그런 원칙은 통제와 감시를 의도한 것은 아니다. 그저 우리는 가족이니 이 정도의 소통은 필요하지 않겠나 하는 나름의 기준이라고 할 수 있다.

그런데 아이들은 그렇지 않다. 아이들은 아이들 나름대로 '이 정도면 되겠다'고 생각하는 또 다른 기준이 있고, 그 기준을 넘어서는 건 버거워한다. 초등학생까지는 아빠의 기준을 지키는 게 어렵지 않지만, 중학생 정도 되면 일단 나름의 사생활이라는 것이 생긴다. 돈과 시간의 한계가 있지만, 그 한계 내에서 자신만의 사생활을 누리고자 하는 것은 아이들에게 너무나 당연한 일이다.

사생활이라는 게 대단한 건 아니다. 학교에서 학원으로 이동하는 사이에 잠깐 편의점이나 패스트푸드점에 들러 무언가 사 먹는 것도 사생활이고, 엄마 몰래 모아둔 돈으로 피씨방에서 게임을 하는 것도 사생활이다. 게임에 빠져 학원을 한두 번 빼먹다가 걸려서 혼이 나기도 하고, 또래 집단에 포함되어 나름의 관계를 형성하기도 한다.

그런데 아이가 학원에 지각했다든가 한 시간 정도 전화 연결이 안 된다든가 아이가 피씨방에 있다가 걸린다든가 하면 부모들에게는 그것이 커다란 일탈인 것처럼 느껴진다. 특히 아빠는 내 소중한 아이가 망가지고 있다는 위기감과 이대로 두면 안 된다는 투철한 사명감을 발동시키게 된다. 어디서 무엇을 했냐는 아빠의 험악한 물음은 아무리 좋게 이야기해도 위협으로 느껴진다. 정말 아무것도 아니어서 스스로 당당한 아이는 이런 아빠의 모습을 낯설고 불편하게 느낀다.

아이는 그렇게 야단맞고도 그걸 그렇게 심각하다고 생각하지 않는다. 그것 때문에 아빠한테 계속 삐져 있지도 않다. 그런데 정작 아이를 야단치고 위협했던 아빠는 아이의 표정이나 태도가 조금이라도 이전과 다르면 그게 자신을 향한 분노의 표현이라고 느낀다. 아빠에게는 여유가 필요하고, 아이들에게는 좀 더 자신을 표현하는 것이 필요하다.

아무래도 아빠가 좀 더 넓게 생각하고 포용할 수 있어야 하지 않을까. 아이들이 자동차에 타서 눈을 감고 이어폰을 끼고 음악을 듣고 있는 게 불편한 아빠들이 많다. 그런데 그들에게 그럼 아이들이 차에서 무얼 하고 있었으면 좋겠냐고 물으면 딱히 의미 있는 답이 나오지 않는다. 커가는 아이들은 음악을 듣고 영상을 보며 자기만의 시간을 보내는 것일 뿐이다. 거기에 가족의 사랑이 깨진다거나, 가족을 사랑하지 않는다거나 하는 해석이 개입되는 것 자체가 '오버'다. 억지로 토요일 저녁이면 온 가족이 모여 대화의 시간을 가져야 한다고 강요하는 것도 마찬가지다.

중요한 건 콘텐츠다. 차를 타고 가면서 별다른 할 이야기가 없으면 그냥 가면 된다. 아이들에게 뭔가 계속 말해야 한다거나 아빠나 엄마의 이야기에 반응해야 한다는 것 자체가 넌센스다. 아이와 대화할 일이 있으면 그냥 아이를 불러 물어보면 된다. 아무 콘텐츠 없이 '장場'만 만들어둔다면, 그렇게 만드는 수고에 비해 결과가 초라할 수밖에 없다. 아이는 이렇게 생각한다.

'왜? 그래서 뭐?'

때로 약간의 강요가 필요할 수도 있다. 더 즐겁고 행복하고 좋은 시간을 보내기 위한 하나의 방법으로서 말이다. 물론 그게 정말 아이들에게도 좋을 것이라는 확신이 있어야 하지만 말이다.

할 수 있으면 하면 된다

언젠가 아빠와 아이들끼리 세 가족이 제주에 놀러 간 적이 있었다. 한 아빠는 다른 가족들에게 수영복을 꼭 가지고 오라고 공지했다. 나는 수영복을 입고 물에 들어가본 지가 몇십 년은 되어 솔직히 귀찮았다. 제주도니 해운대니 강릉이니 바다에 놀러가본 적은 있지만 모래를 밟으며 겨우 발을 적시는 게 다였으니까 말이다. 하지만 나 혼자 가는 게 아니므로 어찌 되었든 수영복을 챙겼다.

드디어 그 아빠가 말했던 물 좋고 모래가 예쁜 어떤 해수욕장에 도착했을 때, 아빠들은 수영복을 두고 영 떨떠름한 표정으로 어정쩡한 자세를 잡고 있었다. 아이들도 마찬가지였을 것이다. 그런데 바다에 들어가 재미있게 놀았던 경험을 가진 그 아빠는 포기하지 않았고, 우리는 모두 눈치를 보다가 결국 포기하고 수영복으로 갈아입을 수밖에 없었다.

결과는 어땠을까? 바닷물에 찔끔찔끔 발을 담그고 있던 아이들과 아빠들이 하나씩 바다에 들어가 놀기 시작했고, 우리는 아이들과 함께 바닷물에서 정신없이 놀았다. 해가 져서 모두 나가라는 방송이 나올 때까지 우리는 물속에서 하염없이 서로를 밀치고 파도를 넘나들며 그렇게 지독히 놀았다. 거기에 이어폰을 끼고 앉아 말 한마디 하지 않으며 아빠를 불편하게 하는 아이들의 모습은 없었다. 그렇게 귀찮을 것 같던 샤워도 오히려 찬물을 서로에게 부어가며 더 즐겁고 행복한 추억을 만들 수 있는 과정이 되어주었고, 그날 아이들과 아빠들 모두가 행복했다.

아이들은 이렇게도 하고 저렇게도 한다. 아이들은 안 하려고 하고 짜증을 내고 귀찮아하지만, 그게 아빠에 대한 불만이나 아빠가 하자고 하는 것에 대한 거절은 아니다. 그건 아빠 마음속 불편함의 투사일 뿐이다. 아이들은 그냥 지금 자신을 표현하고 있을 뿐이다. 아이들을 아빠의 기준에서 바라보면 안 된다.

나는 그날 그토록 신나게 파도 위를 뛰어노는 아이들을 바라보며 정말 행복했다. 그리고 아이에게 직접 물어보지 않고 확인하지 않고 아이의 표정과 말투와 태도를 가지고 부정적으로만 해석하며 아이들의 마음을 이해하지 못했던 무지함에 부끄러웠다. 대화는 필요하면 하는 것이고, 놀 수 있으면 노는 것이고, 할 수만 있다면 물속에 아이들을 집어넣고 함께 뒹굴면 되는 것이었다. 나는 늘 머리로만 생각하고 스스로 해보지도 않은 일에 대해 원하는 만큼 반응하지 않는 아이들에게 엉뚱한 화풀이를 하고 있었던 것이다.

여전히 아빠가 운전하는 차 뒷좌석에 앉아 등을 기대고 무표정하게 이어폰을 꽂고 창밖을 바라보는 아이를 향해 반성하는 마음을 가져본다. 그렇게 무지하고, 그렇게 내 마음대로 생각하고, 내 마음대로 되지 않는 것에 대해 짜증과 분노를 가지고 있었던, 그리고 때로 그것을 표정으로, 태도로, 눈빛으로 표현하며 아이들을 불편하게 했던 나에 대한 반성이다. 왜 저러는지 모르면서도 아빠라는 이유로 그저 수용하고 참아주었던 사랑하는 아이들에게 정말 미안해졌다.

아빠 힘내세요, 우리가 있잖아요

〈그렇게 아버지가 된다〉라는 일본 영화가 있다. 이 영화는 아이를 키운 지 6년이 지나서야 병원 신생아실에서 아이가 서로 바뀐 것을 알게 된 두 가정의 이야기를 그리고 있다.

료타는 성공한 건축가이자, 엄격하고 이성적이며 자존심 강하고, 아이에게 늘 최상의 것을 제공하며, 아이가 자신처럼 최고의 자리를 꿈꾸기를 바라는, 능력 있지만 냉철한 아빠다. 반면 료타보다 나이가 조금 많아 보이는 시골 전파상 사장님인 유다이는 아이들을 자유분방하게 양육하며 함께 뛰놀고 뒹굴며 놀아주는, 가난하지만 따뜻한 아빠다. 치매를 앓는 장인어른을 모시고 살며 아이들과 함께하는 시간을 소중히 여기는 인간미 넘치는 사람이기도 하다. 유다이는 아이들과 함께하는 시간의 양이 중요하다고 생각한다.

영화는 시작부터 세련된 도시 남자인 젊은 료타와 뭔가 허술해 보이는 시골 전파상 사장님 유다이를 대비시킨다. 자동차도 료타는 최고급 세단을 몰고 다니고, 유다이의 차는 털털거리는 승합차다. 그런 두 사람이 아이를 양육하는 생각과 태도는 일반적으로 생각하는 '아버지'와 '아빠'의 이미지를 연상시킨다. 아버지 료타는 아이를 자신이 알고 있는 성공의 공식대로 키우려 노력하고, 이를 위해 아이를 대할 때도 냉철한 태도를 유지한다.

6년 동안 키운 아들이 친아들이 아니었음을 알게 되었을 때

영화는 6년 동안 케이타와 류세이를 키운 료타와 유다이가 병원 신생아실에서 아이가 바뀌었음을 알게 되면서 급류를 탄다.

료타의 냉철함은 6년이나 키운 아들 케이타를 유다이에게 보내기로 결정하는 장면에서 명확히 드러난다. 료타는 자신이 펼쳐주는 성공의 공식을 따라오지 못하는 아들, 경쟁심도 없고 실패가 부끄러운 줄도 모르는 아들 케이타가 자신의 아들이 아니라는 사실에 내심 안도감을 느낀다. 그건 이렇게 충분히 많은 것을 제공하는데도 초라한 결과를 내는 여섯 살 아들에 대한 실망감이 '그럼 그렇지'라는 확신으로 바뀌는 순간이기도 하다. 아내 미도리는 그런 료타의 모습에 분노하고 절망한다.

어쩔 수 없이 받아들여야만 하는 기막힌 현실에 반응하는 태도도 유다이는 료타와는 다르다. 뜬금없이 합의금이나 위자료 등을 언급하며 료타를 경악하게 만들기도 하지만, 료타가 아이들을 모두 자기가 키우겠다고 하자 분노하며 아이들에 대한 진심을 드러낸다.

6년이나 자기 자식이라 믿고 키운 아들임에도 저만치서 케이타가 노는 것을 바라만 보고 있는 료타, 그리고 아이들 속에서 함께 장난치며 웃고 떠드는 유다이의 뚜렷한 대비는 이 영화가 '아버지' 그리고 '아빠'라는 주제를 어떻게 다루고 있는지를 잘 보여준다. 좀 놀아주라는 유다이의 한마디에 료타는 "시간만 중요한 게 아니죠", "우린 뭐든 혼자 하게 합니다", "내가 아니면 안 되는 일이 있어서요"라며 변명을 늘어놓는다. 그런 료타에게 유다이는 진지한 표정으로 "아버지라는 일도 다른 사람은 못하는 겁니다"라고 말한다. "그렇게 아버지가 된다"라는 영화 제목은 그만큼 아버지가 되는 과정이 쉽지 않음을 강조하고 있다.

료타에게는 아이를 키우는 데 대해 나름의 분명한 생각이 있었고, 그 생각을 실현할 수 있는 충분한 경제력도 있었다. 케이타가 자신의 아이가 아닌 것을 안 이후 진짜 친아들인 류세이를 키우면서도 그는 그 생각을 바꾸지 않았다. 그런 그에게 두 아이는 아버지라는 건 그렇게 쉽게 되는 게 아니라는 절망감을 안겨준다. 류세이는 몰래 가출해 자신을 키워준 유다이에게로 가고, 케이타는 케이타를 만나러 간 료타에게서 도망쳐버린다.

진짜 아빠가 되는 건 쉽지 않다

료타는 몇 가지 사건을 통해 변화하게 된다. 내 아이가 아니었다고 유다이의 집으로 보낸 케이타의 진심을 알게 되는 장면이 그중 하나다. 시간을 끌수록 더 괴로워질 것이라는 료타의 주장에 두 가족은 아이들을 친부모에게 보내게 되는데, 료타와 류세이, 유다이와 케이타는 서로에게 아빠와 아들이 되는 과정이 너무 낯설어 힘들어한다. 그러던 어느 날 료타는 문득 잠에서 깨어나 손에 잡힌 무언가를 집어 든다. 그건 케이타가 아버지의 날 학교에서 만들어준, 줄기만 남은 종이꽃이었다. 료타는 자신의 마음 한켠에 크게 자리하고 있었던 케이타를 생각하며 조금씩 아빠가 되어간다.

그리고 키워준 엄마 아빠를 찾아 몰래 집을 나간 류세이를 찾아오면서 류세이와 료타, 미도리가 조금씩 가족이 되어가던 어느 날, 료타는 카메라에 저장된 사진을 보다가 케이타가 자신을 찍은 사진을 발견한다. 아이에게 늘 뒷모습, 자는 모습만 보였던 자신, 그리고 그 아빠를 카메라에 담으며 자신과 함께 있었던 아이의 마음이 오롯이 담겨 있는 그 사진들에 료타는 울어버린다. 그렇게 아이가 자신을 보고 있었던 것만으로도 자신이 아빠로서 아이에게 소중하고 의미 있는 존재였음을, 그렇게 자신을 바라보며 사랑하고 기다려주었던 케이타의 마음을 깨닫게 된 것이다.

아빠인 자신은 아이가 겪는 삶의 과정을 이끌어줄 든든한 기둥이 되어야 한다고 생각했던 료타였다. 그러나 사실 자신의 모습을 고스란히 수용하며 자신을 세상에 하나밖에 없는 아빠로서 늘 사랑하고 곁에 있어준 것은 케이타였다. 료타는 아빠란 베푸는 존재이고, 아이는 아빠가 베풀어주는 모든 것을 받기만 하는 존재라고 생각했다. 그러나 실은 아이가 자신에게 정말 소중한 것을 주고 있었음을, 아빠와 아이의 관계가 결코 일방적으로 주거나 받는 것만으로 만들어지는 것이 아니라는 깨달음은 그에게 낯설면서도 충격적인 것이었다. 료타의 애틋한 눈물은 이런 모든 감정들이 복합적으로 함축된 것이었으리라.

아빠 료타는 이제야 "이건 미션이야. 전화도 하면 안 돼", "10년이 지나면 너도 이해하게 될 거야"라고 담담하게 말하며 아이를 보냈던 자신의 모습이 아이에게 얼마나 큰 상처와 아픔이 되었을지를 이해하게 되었다. 핏줄로 이어진 친아들이 아니라는 것을 알게 된 이후부터 그의 케이타에 대한 마음과 태도는 확연히 바뀌었다. 케이타에게 그것이 어떻게 느껴졌을지에 대한 새로운 이해가 그에게 시작된 것이리라.

준 것보다 받은 게 더 많음을

가끔 "아이가 대학을 졸업하면 널 키우는 데 든 비용이 얼마인지 계산해서 청구할 거예요"라고 농담처럼 이야기하는 부모들을 만난다. 그럴 때마다 나는 "사실은 아이가 태어나 부모에게 준 그 어마어마한 행복과 기쁨의 빚을, 부모는 그저 아이를 키우면서 갚아나가는 거랍니다"라고 이야기해준다.

갓 태어난 아이가 조금씩 자라며 처음으로 눈웃음을 짓고, 자신만의 언어로 옹알이를 하다가 드디어 엄마와 아빠를 부를 때 우리가 느낀 행복이 얼마나 컸던가. 처음으로 몸을 뒤집어

배를 바닥에 깔고, 힘들게 머리를 들어 우리를 바라보는 애절한 눈빛이 얼마나 아름답고 소중했던가. 한 걸음 한 걸음 걸음마를 시작하고 조잘조잘 서툰 말로 자기 이야기를 할 때, 공주님 옷을 입고 마술사 모자를 쓴 채로 앞에 서 계시는 선생님을 따라 이리저리 몸을 움직이며 춤을 출 때, 그 장면을 사진으로, 영상으로 찍어대는 우리의 행복이 얼마나 컸었는가 말이다.

엄마 아빠가 없으면 아무것도 할 수 없는 그 아기의 웃어주는 눈빛이 우리가 하루를 살아갈 수 있는 힘이 된다. 삶에서 찾아오는 이런저런 어려움을 견뎌내고 이겨낼 수 있는 바탕이 된다. 퇴근하고 집에 온 아빠에게 안겨 그 작은 손으로 아빠를 부여잡는 아이의 마음이 지친 몸과 마음을 회복시킨다. 내가 있어서 아이가 행복하고 건강하게 살아가는 것이 아니라, 아이가 있어서 내가 행복하고 건강하게 내 삶을 살아낼 수 있는 것이다. 결코 돈으로 가늠할 수 없는 빚을, 우리는 아이를 키우며 조금씩 갚아나가고 있는 것이다.

영화의 끝 무렵, 자신을 피해 도망치는 케이타의 뒤를 하염없이 따라가는 료타의 모습은 아빠란 무엇인지를 한참 생각하게 했다. 그저 아이와 함께 있는 것, 그래서 아이가 스스로 생각해 돌아설 수 있기를 기다리는 것이 아빠의 역할이다. 료타에게는 그것을 받아들일 수 있는 넉넉함이 생겼다. 한참 후 료타와 케이타는 서로 다른 길 위를 걸으며 대화한다. 료타가 진심으로 미안하다는 마음을 전하자 케이타는 아빠는 아빠가 아니라고 대답한다. 아빠로부터 버림받은 아이의 깊은 상처가 드러나는 대목이다. 하지만 6년간은 아빠였다고, 보고 싶어서 왔다고, 이제 미션 따윈 없다고, 카메라로 아빠를 얼마나 많이 찍어주었는지 안다고, 그렇게 절절히 이야기하는 아빠의 마음은 두 갈래 길이 합쳐지는 곳에서 드디어 아이에게 받아들여진다. 료타가 진정한 사과를 담아 눈물로 아들을 껴안는 장면은 관객들이 함께 눈물을 흘리게 하는 명장면이다. 료타는 영화 제목처럼, '그렇게 아빠가 된' 것이다.

'아빠 힘내세요' 노래의 진짜 의미

문득 아이가 유치원 때 늘 흥얼대던 노래가 기억난다. "아빠 힘내세요~ 우리가 있잖아요~ 아빠 힘내세요~ 우리가 있어요~." 아무것도 모르고 그저 유치원에서 배운 노래가 입에 남아 흥얼거렸던 노래, 나 역시 아무렇지도 않게 들었던 그 노래가 15년이 넘게 세월이 흐른 지금에야 울컥 눈물이 나게 만든다.

그랬다. 아이가 내게 있어 내 손을 잡아주었고, 아이가 내게 웃어주며 나를 위로해주었고, 아이가 나를 안아주고 등 두드려주며 나로 하여금 그 삶의 시간을 견디도록 해주었다. 나에게도 료타처럼 마치 내가 베푸는 것처럼, 빚쟁이가 된 것처럼 아이에게 무언가를 강요하고 내 생각대로 아이가 자라주기를 고집했던 시간들이 있었다. 그리고 그런 무지한 아빠를 뒤에서 따뜻한 마음으로 수용해주었던 소중한 아이가 있었다. 그 과정을 이토록 잘 견뎌준 아이가 오늘 참 새롭다.

노래의 마지막은 '힘'이라는 단어에 더 힘을 주고, 주먹도 불끈 쥐고, 마치 '파이팅'을 외치듯 불러야 한다.

"히~이~임! 내! 세! 요!"

아이의 천진난만한 노래와 목소리가 지금도 아련하게 마음을 울린다. 여러분도 대한민국 어느 유치원에서든 가르치는 이 노래가, 그렇게 배운 노래를 흥얼거리는 아이의 노랫소리가 기억나면 좋겠다. 그래서 힘을 내고, 그렇게 노래 불러주던 아이에게 진 빚을 갚아나가는 아빠가 되었으면 정말 좋겠다.

잊어줘서,
몰라줘서 정말 고맙다

혼자라고 인식하는 순간, 아이는 어디로든 무조건 달리기 시작한다. 엄마 아빠가 없다는 건 아이에게 곧 생존과 직결되는 문제다. 그건 버림받을지 모른다는 두려움이다. 물론 아이가 그렇게 말하고 표현하지는 못한다. 아이는 그저 달리고 달려 엄마 아빠의 손을 잡아야만 한다. 그 행동이, 그 간절함이, 그 울음이 아이의 공포를 말해준다.

아이가 네 살쯤 되었을 때였다. 그때 아이와 함께할 수 있는 가장 안전하고 가성비 좋은 놀이터 중 하나가 대형마트였다. 아이도 휘황찬란한 수많은 장난감을 보고 가끔은 그걸 손에 넣을 수도 있기에 언제나 좋아하는 장소였다. 먹고 싶은 것을 먹을 수 있는 재미 또한 빼놓을 수 없다. 푸드코트 음식은 부담없이 사줄 수 있었으니까.

아이는 조립식 장난감을 좋아했다. 그 장난감이 빼곡이 쌓여 있는 장난감 코너에서 넋을 잃고 그것들을 쳐다보곤 했다. 표정은 너무나 갖고 싶다는 간절함이 가득했지만, 제법 비싼 가격 때문에 원한다고 사줄 수는 없었다. 그래도 아이는 언제나 마트에 도착하면 엄마 아빠의 손을 뿌리치고 사방이 조립식 장난감으로 가득한 그 코너로 달려갔다. 결국 작은 피규어 두 개가 들어 있는 삼천 원짜리 하나 사는 것으로 타협하곤 했다.

한번은 아이를 놀려주려, 그렇게 하염없이 장난감을 쳐다보는 아이 몰래 저만치 숨어보았다. 아이는 몇 분인가 후에 문득 엄마 아빠가 없다는 것을 깨달았다. 불안감을 느낀 아이는 우왕좌왕하다가 울기 시작했다. 우리는 그렇게 빨리 아이가 반응할 줄은 정말 몰랐다. 그래서 아이를 잡으려 움직이는 순간, 아이는 무작정 뛰기 시작했다. 정말 순식간이었다. 코너를 몇 번이나 돌아서야 겨우 잡은 아이는 울면서 우리 품을 마구 파고들었다.

엄마 아빠의 장난이 아이에게는 생존의 문제로 느껴진다는 것을 그때는 몰랐다. 그러나 그 에피소드로 아이가 그 몇 분 안 되는 순간을 얼마나 무섭게 경험했었는지를 알 수 있었다. 어리숙한 엄마 아빠의 숨바꼭질 놀이는 그렇게 끝났고, 난 다시는 그런 짓을 하지 않았다. 정말 다행히도, 아이는 금방 그것을 잊고 짜장면과 햄버거를 먹으며 웃고 장난치는 모습을 보여주었다.

아이가 무엇인가를 잊어준다는 게 아빠에게는 얼마나 다행인지 모른다. 때론 괜한 어리석은 책임감으로 야단치기도 하고, 때론 아빠의 바보 같은 감정에 휘둘려 짜증과 화를 내기도 하지만, 그래서 놀라 눈물을 흘리기도 하고 도망가 엄마에게 안기기도 하지만, 아이는 조금만 지나면 언제 그랬냐는 듯 내 품으로 다시 찾아 들어온다. 오히려 아빠는 아이 눈치를 보며 쭈뼛쭈뼛하는데, 아이는 벌써 그걸 까맣게 잊고 아무렇지도 않게 다가와준다. 그렇게 안겨오는 그 아이가 너무나도 신기하고, 진심으로 고맙다. 아이는 그렇게 아빠를 안심시키고 행복하게 해주는 존재다.

프로이트는 현재는 과거의 축적물이기에 유아기의 경험이 성격을 형성하여 성인기 삶의 정신적 기반이 된다고 주장했다. 그래서 늘 상담은 바꿀 수 없는 과거만을 돌아본다는 비판을 받기도 한다. 다행히도 아이에게 축적물이 되려면 그 경험이 꽤나 강력해야 한다.

생각해보면, 아빠인 나는 아이에게 이런저런 많은 상처를 주었다. 물론 어른의 입장에서 생각한 것이고, 그래서 나만 가지고 있는 죄책감일 수도 있지만 말이다. 그런데 아이는 그것을 '과거의 축적물'로 간직한 채 성장하지 않았다. 아이는 아빠가 집에 들어가면 달려와 안겨주고, 어제 아빠와 있었던 불편함은 깔끔하게 잊어주었다.

그런데 아이는 엄마 아빠가 좋은 것으로 아이를 만족시켜준 수많은 것들 역시 깔끔하게 잊는다. 엄마는 엄마라는 존재 자체가 아이에게 좋은 것으로 경험된다. 하지만 아빠는 뭔가를 '해야' 한다. 아빠는 때로 아이가 마트에서 하염없이 바라보던 칠만 원짜리 커다란 장난감을 사주지만, 아이는 며칠만 지나면 그것을 잊는다. 그리고 십만 원짜리 더 커다란 박스 앞에서 얼쩡거리며 간절한 눈빛으로 아빠를 쳐다본다. 이럴 때 "그거 사준 지 얼마나 되었다고 또 이걸 사달라는 거야!" 하고 야단치는 건 정말 바보 같은 짓이다. 아이가 자신이 원하는 걸 언제나 스스럼없이 아빠에게 말하고 표현할 수 있다는 데 오히려 감사해야 할 일이다. 그건 원하는 것이 성취되고 안 되고의 문제가 아니다. 아이가 아빠를 자기의 모든 걸 채워줄 수 있는 전능한 존재로 바라본다는 뜻이기 때문이다. 아이에게 그렇게 전능한 아빠에 대한 환상은 스스로를 안전하게 느끼고 세상을 건강하게 경험하게 하는 배경이 된다.

아이가 몰라줘서 정말 고맙고 행복하다

아이가 전혀 모르고 있는 것들도 많다. 예를 들어 배부를 때 느끼는 만족감 같은 건 아이에게 '당연히 있어야 하는 것'이다. 태어나 얼마 되지 않은 영아에게도 그렇지만, 잠깐 아빠가 한눈을 팔면 벌써 저만치 달려가버리는, 그래서 아빠를 깜짝깜짝 놀라게 하는 유아들에게도 마찬가지다. 아이가 원하면 아이는 늘 배부를 수 있다. 당연하다. 아이는 매일의 그런 배부름의 행복을 당연하게 여긴다. 그리고 아이의 당연한 행복에 아빠는 행복하다.

어느 날이었다. 네 살 즈음 아이에게 집 앞 슈퍼마켓에 가서 과자를 사 오라는 미션을 주었다. 아이에게 슈퍼마켓에 혼자 가서 네가 먹고 싶은 과자를 사 올 수 있겠냐고 물으니 고개를 끄덕인다. 당연히 거스름돈 개념도 없어, 몇 번을 연습시킨 후 천 원짜리를 손에 쥐여주며 주인이 주는 동전을 꼭 받아 와야 한다고 신신당부했다. 아이가 출발하기 전에 나는 또 물었다.

"할 수 있어?"

아이는 천 원을 쥐고 있는 손에 더 힘을 주며 할 수 있다고 연신 고개를 끄덕인다.

아이가 출발하면 우리 집은 온통 비상이다. 할머니는 베란다에서 슈퍼마켓까지 가는 큰길을 열심히 쳐다보며 감시하고, 엄마는 슈퍼마켓에 전화를 걸어 아이가 갔으니 이러이러하게 해달라고 부탁한다. 아빠는 선글라스를 끼고 불과 몇 미터 뒤에서 아이를 미행한다. 아이에게 들키면 안 된다. 슈퍼마켓에 들어가는 걸 확인하고 기다렸다가, 아이가 나오면 다시 재빨리 뒤를 쫓다가 들키지 않게 집으로 먼저 들어간 후 아무렇지도 않은 듯 아이를 기다린다.

드디어 집에 돌아온 아이는 과자와 손에 쥐고 있는 거스름 동전을 뿌듯하게 내민다. 그러면 우리는 모두 뒤로 나자빠질 만큼 커다란 액션을 취하며 충분히 놀라워해준다. 아이의 어깨는 하늘만큼 치솟는다. 자신이 그렇게 어마어마한 존재임을 만끽하는 그 행복을 아이는 당연하게 여기고 곧 까맣게 잊는다.

자신을 기쁘고 즐겁게 해주었던 많은 일들을 아이가 잊어버리는 게, 아빠에게는 하나도 섭섭하지 않다. '아빠는 언제나 전능하다'라는 한 가지만 아이 마음속 깊이 잘 자리하고 있으면 된다. 산타클로스 할아버지가 사실은 없는 것처럼, 아빠가 그렇게 전능하지 않다는 것을 아이는 곧 알게 될 것이다. 그러나 그때가 되면 그때의 아빠가 되어주면 된다. 지금은 전능한 아빠가 되는 행복을 그저 누리기만 하면 되는 것이다.

아이가 당연하게 생각하는 많은 것들 가운데에는 당연하지 않은 것들이 얼마나 많은지 모른다. 그렇지만 부모는 그 당연하지 않은 것들을 당연하게 느끼도록 애쓴다. 그리고 그걸 아이가 모르고 지나가는 것이 하나도 섭섭하거나 억울하지 않다. 네 살 아이가 짜장면이나 햄버거를 먹을 때마다 '뼈 빠지게 일하신 우리 엄마 아빠의 소중한 사랑에 제가 이런 배부름의 행복을 누립니다. 감사합니다'라고 말한다고 상상해보라. 끔찍하지 않은가.

내 어머니는 늘 자신은 배부르다 말씀하시며 회사에서 가끔 간식으로 주는 빵과 우유를 드시지 않고 집에 가지고 오시곤 하셨다. 난 그 말이 진짜인 줄 알았고, 때로는 어머니가 그 간식을 언제 가지고 오시나 기다리곤 했다. 어머니는 그렇게 기다리고 먹으며 행복해하는 나를 보며 힘과 기쁨을 얻으셨으리라. 나도 내 아이에게 그렇게 하며 비로소 그걸 알게 된다.

아이는 아빠에게 그저 존재하는 것만으로도 행복을 줄 뿐 아니라, 아빠가 알게 모르게 해준 그 많은 것들을 까맣게 잊고서는 또 내게 요구하는 당당함으로 아빠를 더욱 행복하게 했다. 아빠의 무지함은 때로 아이를 억울함에 울게 하기도 했지만, 금방 그것을 잊어 아빠 품에 안겨주는 그 아이가 정말 아빠를 행복하게 했다. 눈에 보이지 않는 엄마 아빠를 찾아 공포에 질려 무작정 뛰어가게 했던 아빠의 무지함과 어리석음을 금방 잊어주곤 짜장면을 입에 물고 장난쳐주는 그 아이가 정말 아빠를 행복하게 했다. 그 소중한 아이가 아빠는 정말 고맙다.

에필로그

이 책을 쓰는 내내, 인간을 보는 내 시각이 편협한 건 아닌지 마음이 쓰였다. 사람은 이렇다거나 혹은 저렇다거나 하는 식으로 이해할 수 있는 존재가 아니기 때문이다. 그래서 내가 가진 인간에 대한 이해에 동의하지 못하는 분들의 비판은 기꺼이 받아들일 것이다. 인간은 참으로 제한적인 존재여서, 모든 것을 다 알 수도 없고 모든 것을 다 가질 수도 없다. 나는 그저 내가 배운 것들과 내가 살면서 느낀 것들을 조합한 빈약한 작은 시각으로 인간을 보고 세상을 볼 뿐이다. 그렇게 이 글을 썼다.

내 부족함을 통감하면서도 나는 이 글을 써내야만 했다. 우리네 삶의 저 귀퉁이에, 반성할 것들이 참 많은 아빠들이 있음을 알기 때문이다. 그 일들은 복도에서 두 손 번쩍 들고 벌을 서며 반성문을 쓰는 것만으로는 모자랄 일이기도 하다.

그런데 나는 상담학자로서 공부하면서, 상담사로서 여러 내담자들을 만나 대화를 나누면서 그런 것들을 많이 느꼈다. 누가 보아도 잘못한 그 일의 뒤편에 미처 표현하지 못하고 드러내지 못한, 아무도 물어보지 않았기에 한마디도 하지 못했던 작은 진심이 있다는 것을 말이다.

물론 정말 나쁜 아빠들도 많다. 그런 아빠 밑에서 자라며 받은 상처를 나누는 것만으로도 너무나 힘들었던 시간들도 많았다. 그런데 진심을 보여주지 못해 아픈 결과를 초래하고 만 아빠들을 보는 것 역시 마찬가지로 고통스러웠다.

그들은 그 진심을 드러내지도 못하고 위로받지도 못하면서 그냥 그렇게 아빠라는 삶의 역할을 견디고 지켜낸다. 그들은 스스로 기둥 역할을 자처하고, 때로 그런 오해와 상처 정도는 그러려니 하고 살아간다. 좋은 아빠뿐 아니라 이들도 우리 시대를 만들어가고 있는 소중한 아빠들이다. 그래서 나는 몰라서, 서툴러서 아빠 역할에 부족했다고 자책하는 나와 같은 아빠들에게 조금이나마 위로가 되었으면 하는 마음을 담아 이 이야기들을 썼다.

그리고 아빠들의 어쩔 수 없는 부족함 뒤에, 드러내지 못하고 드러낼 방법도 알지 못하는 진심이 있음을 이야기하고 싶었다. 이 이야기가 아빠들에게, 그리고 그런 아빠로 인해 힘들고 지쳐 있을 엄마와 아이들에게도 서로에 대한 이해의 공간을 조금이라도 넓혀줄 수 있으면 좋겠다.

우리 주변에는 아빠를 사랑하고, 아빠를 그리워하고, 아빠 품에 안겨 행복해하고, 아빠로 인해 힘과 위로를 얻는 많은 사람들이 있다. 반면, 아빠라는 존재를 부정하며, 미워하고, 수치스러워하고, 아빠로부터 폭언과 폭력과 외면을 경험한 사람도 있다. 우리가 가지는 아빠에 대한 이런 다양한 표상은 때로 우리를 분노하게 하고, 사람을 만나는 것 자체를 두려워하게 하고, 때로 그 넓은 품의 따뜻함을 기억하며 넉넉함으로 사람을 사랑할 수 있게 해준다. 아빠라는 존재가 우리 삶에 미치는 영향력은 막강하다.

그래서 아빠는 없다고 없는 것이 아니고, 있어도 있는 것이 아니다. 내가 아빠로서 살아온 20여 년의 시간 동안, 내 곁에 없어 당연히 실감하지 못한 '아빠'라는 존재가 사실은 내 삶의 한 모퉁이에 너무나도 큼직하게 자리하고 있었다는 걸 나는 몰랐다. 그렇게 힘겹게 살아왔던 긴 시간 속에 아빠라는 존재는 언제나 내 곁에 충분한 영향력을 미치며 자리하고 있었음을 너무 뒤늦게 깨달았다. 그리고 그런 무지함을 벗어나 나와 사람과 세상을 볼 수 있는 눈이 생겨 다시 바라보게 된 세상에는, 나와 같이 아빠라는 존재를 부정하지만 여전히 그 커다란 영향력 안에서 살아가고 있는 많은 사람이 있었다.

영화 〈국제시장〉의 덕수를 다시 떠올려본다. 덕수 곁에 존재하지 않았던 아버지는 사실 평생 그 곁에서 덕수 삶의 배경이 되었다. 그가 마지막에 아버지의 두루마기에 얼굴을 파묻고 그토록 슬피 울었던 덕수의 울음이 그것을 증명한다. 덕수 안에 존재하는 아버지의 표상은 덕수가 치열하게 삶을 견뎌낼 수 있게 해준 힘이기도 하지만, 삶의 무수히 많은 과정에서 견디기 어려운 생채기를 낸 원인이기도 했다. 존재하지 않는 아버지를 대신하는 덕수 내면의 목소리는 덕수로 하여금 자신뿐만 아니라 가족에게도 요구하고, 다그치고, 서두르고, 압박하는 막강한 힘이었다. 아버지는 우리에게 그렇게 막강한 영향력을 미친다.

표상이 표상으로 남아 있는 가장 중요한 이유는 그것이 현실의 실재와 마주하지 않기 때문이다. 그 표상이 실재와 마주하여 그것이 사실이 아님을 알게 되는 순간, 우리는 우리 삶을 재촉하고 압박하는 많은 것들이 사실은 실재하지 않는 환상 속의 목소리라는 것을 알게 된다. 그리고 그것은 우리가 '나'를 새롭게 이해할 수 있게 해준다. 세상도 내가 생각하는 그런 세상이 아니지만, '나'도 내가 생각하는 그런 '내'가 아니다. 그런 '나'를 왜곡해서 이해할 때 우리는 나뿐만 아니라 상대와 환경을 왜곡하여 결정적인 순간에 엉뚱한 결정을 내리고 만다.

아빠는 우리 삶에서 좀 더 실제적이고 구체적으로 알아야 할 너무나도 중요한 대상이다. 아빠라는 존재의 유무와 상관없이, 사실 우리가 가진 아빠에 대한 표상은 객관적 실체가 되지 못한다. 그건 우리만의 주관적 실체로서 우리에게 작용할 뿐이다. 그래서 나의 아빠에 대한 표상, 내가 만난 아빠들의 아빠에 대한 표상 역시 자꾸만 주관적 실체에서 벗어나 현실과 마주하여 객관적 표상으로 바뀌어가야만 한다. 있지도 않은 막연한 표상이 자신을 정의하는 근거가 되고 타인을 마주하는 전제가 되지 않도록 노력해야 한다. 그래야 아빠와, 아빠와 함께하는 가정을 모두 행복하게 만들 수 있다.

다른 아빠들도 많다. 물론이다. 난 그저 내가 경험한, 내가 만나 이야기 들었던 아빠들의 반성을 담은 삶의 모습을 드러내 보이려 했을 뿐이다. 이 책을 펼치는 독자 중에는 아마도 그 한 부분에 속해 나름의 이런저런 어려움을 가지고 그 자리를 견디며 살아가는 분들도 있을 것이다. 그분들이, 바로 여러분이 지금 마주하고 겪어나가는 그 자리가 나만의 것이 아님을, 마지막이 아님을, 전부가 아님을 이해할 수 있길 바란다. 더불어 그 자리는 소중한 우리 삶의 과정이며, 멋지게 이겨나갈 수 있는, 생각보다는 만만한 것이라는 작은 희망을 가지게 되기를 바란다.

조영진

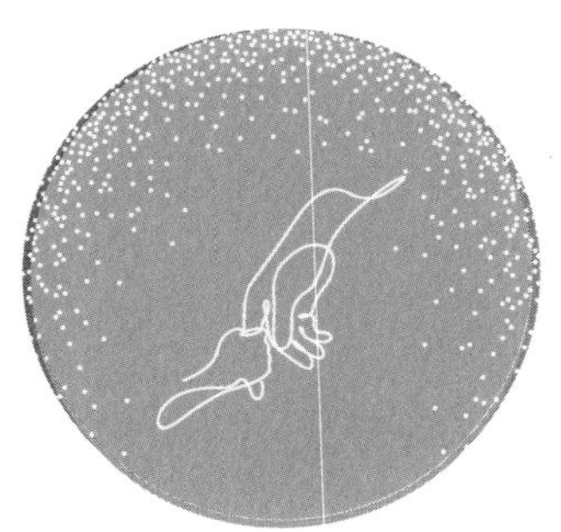